ADAMSMITH
亞當・史密斯

吳惠林 著

五南圖書出版公司 印行

自序　重新擁抱經濟學之父亞當・史密斯

二〇〇八年底一場被稱爲百年罕見的「金融海嘯」，以及隨之而來的全球經濟大蕭條，讓「政府」的威權急速擴張，對「自由市場」的疑慮、甚至於譴責的聲浪一波接一波，此起彼落。這樣的氛圍籠罩整個地球，也形成沛然莫之能禦的主流輿論，於是各國政府不斷地提出「救經濟、救企業、救失業」等等的大振興方案。在此種一頭熱的「救命、救急」優先下，要呼求冷靜、理性地從根檢討，並從事刨根的痛苦做法，不但會被當成耳邊風，還會被嘲弄不食人間煙火、不識時務，甚至於被罵「冷血」、「沒有俠義心腸」。不過，如果不講會傷人的眞話，人類不能覺醒，不能改變後天形成的錯誤觀念，恐怕風暴、危機會一波接一波，直至淹沒人間爲止。那麼，根底何在？

無形的「市場」受到誤解

簡單的說，當前的人對「無形的市場」極端誤解，無數的專家還「自以爲非常了解」；最關鍵的是，對於市場及其內涵「交易行爲」最重要的元素「誠信」，或者是倫理道德避而不談，甚至於嗤之以鼻。在金融海嘯、經濟大蕭條以及天災人禍頻頻出現的時刻，不少人其實已意識到「道德」的重要，只是茫茫然不知如何是好。而回到經濟學之父亞當·史密斯（Adam Smith, 1723-1790）的時代，是一條最簡單的明路。向史密斯學習、擁抱史密斯，認眞閱讀、領悟史密斯的兩本經典名著，不失爲一條捷徑。

衆所周知，亞當·史密斯被尊稱爲「經濟學的始祖」，而經濟學在人間早已成爲顯學，也早被通識教育課程涵納在內，但當代經濟學卻嚴重脫離史密斯的原意。史密斯早已作古，他之所以贏得此尊稱，是因爲那本一七七六年面世的《原富》（*An Inquiry into the Nature and Causes of the Wealth of Nations*，簡稱*The Wealth of Nations*）開創了經濟學，這本書在華人世界被熟知的譯名是《國富論》，但這個譯名其實並不妥當，還是翻譯大師嚴復最先使用的《原富》譯名較貼切，因爲前一個通用的譯名容易被誤導至「一國本位」的「經濟國家主義」，讓各國的領導者及其人民只顧自己國家的財富之增進，於是衍生出「保護主義和保護政策」，進而不幸的「以鄰爲壑」事件乃層出不窮，而上世紀兩次世界大戰之發生，就是「經濟國家主義」作祟所致！

《原富》是最好的經濟書籍

《原富》早已被列爲「經典」，於是很可能落入「大凡被稱爲經典名著，絕大多數人都聽過並知道該書，但眞正看過者卻屈指可數」的命運。不過，全球知名的產權經濟學大師張五常教授認爲《原富》是迄今最好的一本經濟書籍，不可失之交臂，而且臺灣在二○○○年和二○○五年已有合乎「信、達、雅」水準的最新中文譯本出現；上下兩大冊，正是在不景氣的大債時代，獲得長時間休息時，可以好好品嚐的心靈雞湯！

奧國學派古典經濟大師米塞斯（Ludwig von Mises, 1881-1973）在其一九四九年出版的鉅著《人的行爲》（*Human Action*）第二三五頁中這樣寫著：「當今大多數的大學以『經濟學』這個名目講授的東西，實際上是對經濟學的否定。」我可以再補上「也是對《原富》的扭曲」這句話。因爲《原富》被認爲最重要的是傳達「看不見的手」或「市場機能」理念，但當前通行的經濟學教科書往往將「人的理性行爲」作爲市場機能的必要條件，且將「人」予以機械化、模式化、量化、物化，這其實是曲解，畢竟市場機能之順利運作，不是靠人的理性行爲，而人們經濟行爲之趨於合理，卻要靠市場機能的自由運作，這其間的因果關係恰好被當今經濟學弄顛倒了，是有必要再好好從《原富》中仔細瞧個究竟。此外，市場機能的有效運作，「人際間」的「誠信」是必要條件，但《原富》並未對此著墨，何故？

《道德情感論》才是史密斯的最愛

事實是《原富》並非史密斯的最愛，它是史密斯最重要的《道德情感論》（*The Theory of Moral Sentiments*, 1759）這本書的附篇而已。由《道德情感論》書名即可顧名思義講的是「倫理道德」，而這也才是經濟學的「根本」。因此，更有需要閱讀《道德情感論》，才能尋回經濟學的「誠信」本質。幸運的是，二〇〇七年一月，這本書的品質優良中譯本也已在臺灣面世了，新的譯名是《道德情感論》，六百多頁的篇幅需要一段較長時間來消化，加上《原富》上下兩冊各六百和四百多頁，是需要一番心力才能眞正地擁抱史密斯！想要提升心靈層次，尋回誠信、倫理、道德的朋友，盍興乎來？

翻開史料，可知史密斯是十八世紀英國一位極其重要的倫理學家和法理學家，他曾在格拉斯哥大學講授「道德哲學」，舉凡神學、倫理學、法理學和當今所謂的經濟學都含括在內。我們知道，當代經濟學幾乎不談論道德，之所以尊史密斯為「經濟學始祖」，是因為《原富》，但史密斯其實認為本書只是清粥小菜，道德哲學才是主菜。那麼，如果史密斯還是被認定是經濟學的始祖，當代經濟學應有必要大大地改頭換面，以「道德」作為基礎大幅修正，世人也有必要進一步認識史密斯。最好的方式是好好閱讀史密斯的這兩本經典名著，但這也許有其難度，若有輕便通俗的簡單傳記，應該是最理想的。

有鑑於此，我才參酌各方有關著作，尤其是施建生教授和好友謝宗林的文章，綜合之後再加上自己的看法，寫成這本《亞當·史密斯》。與《海耶克》、《弗利曼》兩本書一樣，全書不加註解亦無參考文獻，夾敘夾議娓娓道來，期能貼近一般讀者，讓大家把「眞人」找回來，讓沉淪、逼近毀滅邊緣的人間停止下沉，進而人心回升，大地重生。

本書之成，感謝李秀卿小姐的幫忙，而五南圖書出版公司及編校同仁的辛苦編校，在此一併致謝，還盼讀者不吝指正。

吳惠林　謹識於臺北

二〇一六年八月八日

目錄

第一章

經濟學始祖的一生

一、簡單卻奇特的蘇格蘭家庭

一七二三年六月五日（這是史密斯的受洗日，其出生日期不可考），被稱爲經濟學始祖的亞當．史密斯（Adam Smith, 1723-1790）出生在蘇格蘭愛丁堡（Edinburgh, Scotland）附近，法夫郡（County Fife）的柯克卡迪（Kirkcaldy）這個小商港、小漁村。亞當．史密斯的父親也叫亞當．史密斯，是律師也是蘇格蘭的軍法官和柯克卡迪的海關監督，在亞當．史密斯出生數個月前已去世，所以史密斯是他父親的遺腹子。史密斯從小身體就不算健康，但對書卻有極大的愛好。據說史密斯還曾在一七二六年被吉普賽人綁架，但不久後就被釋放。

史密斯的母親瑪格麗特．道格拉斯（Margaret Douglas）是法夫郡史特拉森得利（Strathendry）大地主約翰．道格拉斯（John Douglas）的女兒，是史密斯父親的續絃。兩人結婚不到三年，瑪格麗特就成爲寡婦，她就將所生的唯一兒子以其丈夫的名字稱之，以紀念其丈夫。史密斯一生與母親相依爲命，終身未娶，若無特殊事故，絕不遠離其母。

二、求學過程

一七三七年，史密斯在家鄉接受基礎教育結束，隨即遠赴格拉斯哥（Glasgow）進入格拉斯哥大學就讀；十四歲上大學，就我們來看，可說是大大地越級，但在蘇格蘭卻是正常的。爲何史密斯沒選讀較近的愛丁堡大學或聖艾特羅大學（St. Andrew University），可能是因格拉斯哥大學設有一個將來可以轉進牛津學院（Colleges at Oxford）的獎學金之故。格拉斯哥大學的規模很小，全校只有十二個教授，依該校規定，每個學生經過五年，修完六種科目就可以獲得碩士學位。這六種科目分別是拉丁文、希臘文、道德哲學、邏輯學、數學，以及自然哲學。

在格拉斯哥大學就學時，史密斯勤奮用功，老師中對他最有影響的是哈奇遜（Francis Hucheson, 1694-1746）。哈奇遜講授道德哲學，他是第一位不用拉丁語而用英語授課的老師，上課時不帶教材、不拘泥於陳規、講課生動有趣。這堂課奠定了史密斯在此一課程的基礎。哈奇遜也注意到史密斯的天賦，就將史密斯寫的一篇關於休謨（David Hume, 1711-1776）當時出版的《論人性》（*Treatise on Human Nature*）的摘要寄給休謨。休謨看過後非常高興，就送一套《論人性》給史密斯，此後休謨和史密斯就建立了深厚友誼。大衛・休謨是蘇格蘭的哲學家、經濟學家和歷史學家，被認爲是蘇格蘭啓蒙運動以及西方哲學歷史中最重要的人物之一。

一七四〇年，史密斯得到了赴牛津巴利奧學院（Balliol College, Oxford）進修的史內爾獎學金（Snell Exhibition），史密斯就離開格拉斯哥到牛津去了。由於史密斯只在格拉斯哥大學研讀三年，沒有達到五年的門檻，因而沒有獲得格拉斯哥大學的碩士學位。史內爾獎學金是由格拉斯哥大學校友約翰・史內爾（John Snell）捐贈的，爲的是要培養同學將來擔任蘇格蘭主教派教會，也就是聖公會（Episcopal Church）的牧師而設立的。在一六九〇年，蘇格蘭教會由長老會（Presbyterian）主持，該項獎學金的宗旨就無法實現。到史密斯那個時期，所有獲得獎學金者都可自由進入牛津大學任何學院，專攻任何學科。當時共有五位獲得獎學金，每人每年可獲四十英鎊獎學金，可以連續領十一年。

史密斯又在一七四二年另外得到每年可得八英鎊五先令的華納獎學金（Warner

Exhibition）。不過，在牛津讀書的費用很高，最節儉的學生每年至少得要三十英鎊，而一般人則需要五十英鎊。因此，史密斯在牛津的生活可說是十分清苦。

牛津大學教授的薪資有其定額，係由學校所獲得的衆多捐款支付，與學校所收的學生數完全無關。史密斯後來在《原富》（*An Inquiry into the Nature and Causes of the Wealth of Nations*, 1776）這本經典中就寫說「（這些教授）甚至連假裝教書都不願做，根本就不上課！」、「學院與大學的措施一般都不爲學生的利益而籌劃，而是爲這些（捐款的）主人的利益而籌劃」。這和格拉斯哥大學完全不同，格拉斯哥大學以教學爲首要任務，教授的待遇和其所收的學生人數呈比例關係，每位學生需繳付學費給自己的任課老師。

雖然牛津大學的教授教學不理想，史密斯有所抱怨，但他對巴利奧學院的圖書館卻很滿意，因爲藏書豐富，非常充實。所以，史密斯在牛津六年，可說完全是自學得到的深厚學術基礎。史密斯研讀過一些希臘文和拉丁文的古典著作和法國文學作品，也讀了不少當代哲學著作。史密斯曾經因爲房間裡藏有休謨送他的《人性論》這本著作，差點被牛津開除呢！因爲該書主張「道德與政治的基礎是自利心」。史密斯在一七四六年就離開牛津，雖然他的獎學金還可維持五年，但一七四九年他就辭掉了。

史密斯有沒有獲得牛津大學的任何學位呢？在牛津大學的畢業生名冊中找不到史密斯的名字，但約翰・雷（John Rae）在一八九五年出版的《亞當・史密斯傳》（*Life of Adam Smith*）中，卻記載著史密斯獲得了牛津大學的碩士學位（MA）。

三、教學生涯

離開牛津之後，史密斯就回到他六年未見的母親在柯克卡迪之住所。爲什麼史密斯會這麼久都沒回家見母親？原來是往返旅費太高，負擔不起之故。此次回家除了和母親團聚外，也希望一方面可以繼續作研究，一方面找到合適工作以維持生計。兩年之後終於得到愛丁堡一些領袖人物的推薦，進到愛丁堡大學，從事一系列有關邏輯學和文學的公開演講。這些演講並不是愛丁堡大學任何課程的一部分，但有許多攻讀神學和法學的學生前來聽講，史密斯每年大約可以獲得一百多英鎊的報酬。

後來史密斯又爲主修法律的學生增加了一系列有關民法的演講，聽衆中也有一些當地文化界年長的著名人士，所以史密斯的演講是相當成功的。就因爲成功，當一七五〇年格拉斯哥大學的邏輯學教授出缺時，史密斯就立即受邀出任，於次年正式接任。不過，在該年夏天，史密斯還都未曾教課時，該校道德哲學教授因病赴國外療養，他於是被邀在邏輯學之外再兼授這門課。同時，格拉斯哥大學知道史密斯在愛丁堡的成功演講中還包括了法律和政治，因而建議他在道德哲學這一課中可以包括法律和政治。

也就在一七五〇年，亞當・史密斯的同父異母哥哥休・史密斯（Hugh Smith）去世了，由他繼承了遺產。該年十一月，原任道德哲學的教授病逝，史密斯於次年接任這一待遇較優的職位，此門課包括自然神學、倫理學、法理學與經濟學四種學門。史密斯覺得這一課程比邏輯學有趣，但校方希望他繼續講授邏輯學和文學，他也就順著校方的要求。史密斯擔任該一職務長達十二年之久，是一位備受歡迎的老師。雖然史密斯的口才比不上他的老師哈奇遜，但他說理清晰、講解詳盡，而且和哈奇遜一樣，史密斯對學生的學業非常認眞、盡責，對於住在學舍中的學生都予以個別指導，對於他們的健康和以後的發展都很關心。

史密斯時常想事情想得出神，絲毫不受外物干擾，有時也因此發生糗事。他在擔任海關關長時，有一次因出神，將自己公文上的簽名不自覺寫成前一個簽名者的名字。史密斯在陌生環境發表文章或演說時，剛開始會因害羞而頻頻口吃，一旦熟悉後便恢復辯才無礙的氣勢，侃侃而談。史密斯對喜愛的學問，研究起來相當專心、熱情，甚至廢寢忘食。

一七六二年，格拉斯哥大學頒授法學博士學位給史密斯。除了在校授課之外，一七五一年之後，史密斯還擔任過學校的行政職務，而且還是一位頗爲傑出的學校行政人員。史密斯曾擔任學校財務長六年，之後又曾擔任教務長與副校長，並出任解決校務長（Principal）和校長（Rector）之間職責糾紛的特別委員會的主席。凡是學校有對外界如格拉斯哥的議會或倫敦的財政部等機關，需要交涉和談判的情事，都由史密斯爲代表，成爲學校的發言人。雖然史密斯時有心不在焉的毛病，但他對這些任務都能處理妥當。

史密斯講授道德哲學這一門課都有講稿，除了自然神學沒留下任何資料外，其他三部門都有資料留下來。他在倫理學所講述的內容成爲他在一七五九年出版的名著《道德情感論》*（臺灣的最新譯本由謝宗林先生於二〇〇九年完成出版）。史密斯的法理學直到一八九六年才由牛津大學教授肯南（Edwin Cannan, 1861-1935）編成

---

* 原文書名 *The Theory of Moral Sentimeats*，另有譯爲《道德情操論》。本書通譯爲《道德情感論》。

《法理學講稿》（*Lectures on Jurisprudence*），而史密斯當時所講授的經濟學，後來就發展成爲他最著名在一七七六年三月出版的《原富》（一般都譯爲「國富論」，但這個譯名並不妥當，第三章對此會有詳細說明）。此書出版後引起大衆廣泛討論，影響所及除英國外，連歐洲大陸和美洲也爲之瘋狂，因而史密斯被後人尊稱爲「現代經濟學之父」和「自由企業的守護神」。

自從《道德情感論》出版之後，史密斯的聲譽就日益崇隆，因爲這本書不但在英國受到好評，甚至在歐洲大陸都獲得極大的讚揚，該書也讓史密斯躋身英國頂尖哲學家行列。休謨就將該書贈與許多友人，其中一位是當時極爲重要的人物查爾斯·唐善德（Charles Townsend, 1725-1767）。唐善德讀了之後深感佩服，他在一七五五年與寡居的達爾基思伯爵夫人（Countess of Dalketh）結婚，伯爵夫人的長子巴克勒公爵（Duke of Buccleuch）正在伊登公學（Eton）就讀，唐善德就想等他這位繼子在伊登學業告一段落後，請史密斯當巴克勒公爵的導師，帶他到歐洲遊學數年以增長見聞，當時英國貴族子弟到國外旅行是應受教育中很重要的一部分。唐善德告訴休謨這個構想，休謨就告訴史密斯此訊息。

四年後，唐善德就正式寫信給史密斯提出聘約，每年薪俸五百英鎊，整個旅程結束後，每年支付養老金三百英鎊。這個條件比史密斯在格拉斯哥的待遇要好得太多了，史密斯在格拉斯哥大學每年的收入很難精確的計算，因爲一部分要看他每年能收多少學生而定，但粗估只約在一百五十到三百英鎊之間，所以史密斯自然就接受了。史密斯是在一七六四年三月一日向格拉斯哥大學提出辭呈，結束了教授生涯，開始遊學歐洲。

四、伴隨青年公爵遊學歐洲

一七六四年初，史密斯帶領年輕的巴克勒公爵赴歐遊學，首先是到巴黎，住了數天之後就轉赴吐魯斯（Toulouse），在該城待了一年半。由於初來乍到，人生地不熟，經由友人介紹當地人士又不順遂，生活就變得十分無趣，史密斯寫給休謨的信這麼說：「我開始寫一本書用來消磨時間。」這就是史密斯在一七五九年出版的《道德情感論》結尾中所說的「要寫一本討論『法律與政府之一般原理』的書」。該本書也成為一七七六年出版的《原富》之一部分。

數個月之後，情況逐漸改善，史密斯對吐魯斯的情況有所認識，他的法語交談也有所進步。這個時候，巴克勒公爵的弟弟史考特（Hew Scott）也前來參與，他們三人就到法國南部各地遊學。一七六五年十月，他們到了日內瓦，在該城住了兩個月，史密斯乘機拜訪伏爾泰（Voltaire, 1694-1778）。史密斯非常仰慕伏爾泰，認為伏爾泰「可能是法國最博學的天才」。史密斯和伏爾泰晤談五、六次，覺得非常欣慰。一七六六年初，史密斯他們返回巴黎，一直住到十月底。在巴黎的社交活動自然較吐魯斯頻繁許多。當地的英國人對巴克勒公爵都非常歡迎，而史密斯的學術聲譽加上休謨的推薦，使巴黎的名流對史密斯非常仰慕。休謨也曾在巴黎的英國大使館任職，由秘書做到代辦，但是史密斯他們到巴黎時，休謨已經回到英國了。

在巴黎的日子裡，史密斯常常參與文藝沙龍活動，也去看了歌劇，欣賞了《湯姆·瓊斯》（*Tom Jones*），也到過巴黎最令人流連忘返的酒店。和休謨一樣，史密斯受到熱誠款待。同時，史密斯也時常與當地一群經濟學家碰面晤談，他遇到這群經濟學家的領袖揆內（Francois Quesnay, 1694-1774）。當時揆內的代表作《經濟表》（*Tableau Economique*）已發行了許多版。揆內是法國國王路易十五（Louis XV）的御醫，也是「重農學派」（Physiocrat）的創始人。該學派認爲農業是國民財富的唯一來源，因爲只有農業可以生產超過其成本的眞正剩餘，其他生產方式都只是利用農產品來製成各種物品以供消費。因此，他們認爲政府應以發展農業作爲優先，不應隨重商主義者（Mercantilist）之主張而以商業優先發展。

史密斯對經濟學早就感興趣，到巴黎的時候正值重農學派的巔峰時期，他很高興能躬逢其盛，不過，重農學派的一位年輕人杜邦（Dupont de Nemours）在編輯另一位重農學派巨子特哥（A.R.J. Turgot, 1727-1781）的著作中，曾提到史密斯是揆內在巴黎的學生，這不是事實。畢竟史密斯的經濟理論構想早在到巴黎之前就已經成形，這些理論包括自由貿易以及一國之財富不是金銀貨幣，而是實際物品的反重商主義思想。說史密斯是從揆內學習得來，不如說是從哈奇遜和休謨兩人學得。當然，史密斯也從法國經濟學家學到了一些見解，但他並不認同重農學派所主張的農業具絕對重要性。不過，史密斯認為重農學派提出的體系儘管不很完善，但也許是已出版的政治經濟學中所提出最接近眞相的輪廓。史密斯對揆內對於經濟學的重大貢獻非常敬仰，史密斯原本想在日後撰寫的《原富》中題獻詞給揆內，不幸的是，當該書出版時，揆內已去世矣！

史密斯和揆內的友情超過對彼此經濟學的興趣，舉例來說，在青年公爵巴克勒和弟弟患病時，史密斯請求揆內親自幫他倆診治，而揆內答應照辦了。這位青年公爵後來康復了，但其弟卻一直沒起色，史密斯又請英國大使館內的醫師幫忙看診，結果仍然無效，於一七六六年十月十九日病亡。在此情形下，史密斯只能結束歐洲遊學，偕同青年公爵和其弟遺體於十一月一日回到倫敦。此後史密斯就再也沒有離開過他的祖國了。

五、陪伴母親過晚年

一七六六年冬天，史密斯就在倫敦度過，當時他擔任唐善德的顧問，而唐善德那時是英國財政大臣（Chancellor of Exchequer）。史密斯幫的忙是研究對美洲殖民地的稅務計畫，雖然該項研究有沒有實質貢獻不得而知，但該項計畫顯然是失敗了，因爲一七七六年美國宣布獨立，而在該年，史密斯的《原富》也正式出版，這項巧合似乎意味著「經濟學的本質是自由經濟」。其實《原富》早在一七七三年就寫成了，史密斯多花了三年時間潤飾，可見其愼重，而一七七六年三月出版後引發廣泛討論，除英國外，歐美人士也爲之瘋狂。

一七六七年春，史密斯回到柯克卡迪母親身邊，開始專心撰寫《原富》。一七七三年史密斯準備再返回倫敦，休謨和其他一些人士以爲史密斯已完成新書的寫作而要到倫敦接洽出版事宜，其實不是，因爲史密斯還準備花三年時間潤稿。在倫敦那段時間，史密斯不只繼續潤稿，還不時會晤在倫敦的蘇格蘭同鄉人士，並與當時著名的傑出人士在文藝俱樂部（Literary Club）歡聚。

值得一提的是，美國開國元勳班傑明・富蘭克林（Benjamin Franklin, 1706-1790）當時也在倫敦，他說史密斯將《原富》一章一章地向他朗讀，在場的還有一些友人與他同時細細地聆聽，並提出評論，而史密斯將那些意見帶回並予以修改。可以想見的是，史密斯應從富蘭克林口中聽到許多關於美洲的資訊，正如他過去從法國人口中得到許多有關法國的訊息一樣。

一七七六年《原富》正式出版後，獲得熱烈的反應，史密斯的摯友休謨認爲是卓越的貢獻。不幸的是，《原富》出版數月之後，休謨就因久病不治而去世了，史密斯失去摯友而哀傷不已。一七七六年史密斯暫時退休，回到柯克卡迪小住，寫了一本有關園藝的書自娛。

一七七八年春，史密斯在愛丁堡定居，因爲他被委任爲設於愛丁堡的蘇格蘭海關關長並督導鹽務，每年薪酬六百英鎊，這時史密斯就想，應該放棄巴克勒公爵給予的每年三百英鎊養老金。不過，公爵認爲該項養老金本來就是約定無條件支出的，必須繼續支付。就這樣，史密斯在愛丁堡的晚年生活相當富裕，他乃邀母親與其母的堂妹珍妮．道格拉斯（Jannet Douglas）同住，不久之後，珍妮的一位侄子大衛．道格拉斯（David Douglas）也搬過來，大衛最後成爲亞當．史密斯的遺產繼承人。史密斯的母親於一七八四年逝世，姨母珍妮也在一七八八年離世。

一般都以爲海關關長是個閒差，實際上，史密斯每個星期要主持四次會議，也需處理會後事務，所以工作是相當忙碌的。不過，史密斯還是抽空修改《原富》，於一七七八年出修訂版，再於一七八四年擴增爲第三版。該年史密斯被任命爲格拉斯哥大學校長，但因該年五月母親去世而未就任，直到一七八七年才擔任榮譽校長，任期兩年，該年史密斯也成爲愛丁堡科學院院士。在此期間，史密斯還將《道德情感論》大幅修訂，並於一七九〇年五月出版。

根據當時的廣告所示，史密斯的《道德情感論》和《原富》兩本書是他全部計畫的一部分，他還希望出版有關「法律與政府的一般原理，以及它們在社會不同時代所經歷的不同革命」的論述。不幸的是，史密斯在母親去世的六年之後，亦即一七九〇年七月十七日就在家中仙逝了，才六十七歲而已，根本來不及完成他的整個計畫。在臨終前一週，史密斯吩咐遺囑執行人，將他寫的十六卷草稿全部燒毀，足見史密斯這位一代偉大學人工作到其生命的最後一刻。

亞當・史密斯葬於愛丁堡卡諾給特（Canongate）教堂的墓地，立了一塊簡樸的墓碑，短短三行的墓誌銘，這樣寫著：「《道德情感論》和《原富》的作者亞當・史密斯安眠於此」。墓地就在史密斯住家附近。

第二章

亞當・史密斯博大精深的思想體系

亞當·史密斯之所以被尊稱爲「經濟學始祖」，就是因爲經濟學這門學問係由史密斯開創的，而關鍵就是他在一七七六年出版的《原富》這本書。不過這本書只不過是史密斯在一七五九年出版的《道德情感論》之附篇而已，這也告訴我們，經濟學只不過是史密斯博大學問中的一小部分。他在格拉斯哥大學講授「道德哲學」，舉凡神學、倫理學、法理學，以及經濟學都含括在內。史密斯的第一本名著是《道德情感論》，其畢生志業本想以此書爲基礎，完成或許稱爲「自然法理學」著作，但不幸早逝，而上一章已提過，史密斯在逝世前一週就囑友人將其所有十六卷未完成著作草稿全部燒毀。

不過，雖然其友人遵囑照辦，但仍有些篇章留在人間。史密斯的兩位朋友布雷克（Joseph Black, 1728-1799）和哈登（James Hutton, 1726-1797）就把這些篇章編成《哲學論文集》（*Essays on Philosophical Subjects*），在一七九五年出版。此外，史密斯的學生在上課時也記了筆記，有兩份被後人發現，一是《修辭學與文學講稿》（*Lectures on Rhetoric and Belles Lettres*），二是《法理學講稿》（*Lectures on Jurisprudence*）。這兩份講稿雖非史密斯親手撰寫，但也可讓我們知道他在格拉斯哥大學教課時的學術內容。

一、史密斯的思想體系

根據已故的日本東京大學經濟學院院長河合榮治郎教授的研究指出，史密斯終生一貫研究學問的目的，在於觀察人類如何從野蠻時代演進至文明時代，研究此演進的學問、法律、政治和其他一切要素。爲了完成此一偉大的計畫，史密斯的研究領域範圍極廣，讓世人不得不驚嘆於史密斯的博學。從史密斯的《原富》之附錄「語言發達史」得知，他還有未定稿的天文學史、與此有關的古代物理學史、關於古代論理學、哲學，以及繪畫、音樂、舞蹈、詩劇的本質及其發展的文獻。企圖以這些資料編撰成一部人類文化史，才是史密斯畢生的意願或目標，他在愛丁堡和格拉斯哥兩所大學所講授的的講義，只不過是此研究過程中的一個片段而已。

史密斯在愛丁堡大學講授的是修辭學和文學，一七五一年任教格拉斯哥大學時，先是講授道德哲學，之後改教倫理學。他雖講授倫理學，仍以修辭學和文學爲主，而道德哲學的講義劃分成三部分，一是自然神學（Natural Theology）；二是倫理學（Ethics）；三是法理學（Jurisprudence）。史密斯在自然神學中，論及神的存在及其屬性，又好像是在敘述宗教心理。史密斯的信仰比休謨還要保守，他在這一部分的講義並未傾其心血去完成，而後人也很少提到這一部分。

關於第二部分倫理學，就是史密斯在一七五九年出版的《道德情感論》這一本書，該書將道德的起源歸諸於同情（sympathy）。至於第三部分法理學，就是肯南在一八九六年出版的《法理學講稿》，是史密斯在一七六三到一七六四年的講課內容，由正義、政策、歲入、軍備和國家法五章所構成。其中的正義和國家法兩章，大體上承繼其恩師哈奇遜的「自然法」講義中的「私權」（private rights）和「政治」（politics）而來，但政策、歲入和軍備卻在哈奇遜的講義中遍尋不著。不過，哈奇遜論私權部分，有著「關於財貨的價值或價格」（Concerinig the Values or Price of Goods）這麼一節，哈奇遜在該節中論述物價漲跌的原因和貨幣的特質。依肯南的這個說法，史密斯最初將哈奇遜的這部分，以「政策」（Police）這個新題目講授，這也是史密斯與經濟學的初接觸。此後，史密斯就越來越努力研究經濟學，逐漸擴大並充實這一章：論人類的慾望、講述社會的分工、談利息和貿易。再加入歲入和軍備兩章，就以這三章作爲日後《原富》的基礎。所以，史密斯就是將法理學裡的政策、歲入及軍備三章予以擴大、充實，終而寫出《原富》。

二、史密斯與經濟學

身爲道德哲學家的史密斯，爲何會對經濟產生興趣並且深深投入其中？如上文所述，史密斯終生一貫的研究目的，係在於想作一部完整的人類文化發展史，他在研究社會進化的事實中，發現古代與近代對於財富的觀念，有著巨大的差異。在希臘羅馬時代，認爲財富是墮落國民品性的東西，因而極力予以排斥，如斯巴達立法排斥貴金屬，就被譽爲古代最完美的立法。不過，近代國家的政策則完全相反，不但不歡迎貧困，而且想方設法唯恐不能增加國民的財富。近代人民生活水準的提升，無一不是依賴豐富的財富，而民衆自由獨立的要求，當然是由於印刷術的發明而促進知識的進步以及普及所致。人民之所以能夠獲得印刷品，乃因他們的經濟環境有餘裕之故。

亞當・史密斯深覺財富的增加，對於人民生活提高的重要性，因而認爲，對於人民最重要的，不是他們參與立法與否的問題，也不是他們參與構成政權與否的問題，而是政策本身的問題。史密斯識破能夠增加財富的政策，遠比空虛的政治論，對於人民的幸福，更有直接的關係。史密斯在研究文化發展史的過程中，發現財富對於人類文化的發展影響最大，於是引起他對經濟學研究的濃厚興趣。

簡言之，亞當·史密斯並不是一開始就有志於研究經濟學，偶然的機運使其進入經濟學的鑽研，且最終托其而使生命不朽，就像使徒保羅到大馬士革，並非爲了浴受耶穌基督的神光，乃因偶然浴受聖光，於是發現神的王國。史密斯也是無法違逆命運的安排，浸淫於經濟學研究，終而完成巨著《原富》。

從經濟學在史密斯思想體系中的地位，以及史密斯研究經濟學的過程，可以得知「財富本身並非目的」，史密斯認定財富不過是人類生活目的的一個手段而已。所以，史密斯認爲財富對於人類文化生活影響極大，才開始研究財富。如果我們說，研究財富對於一個撰寫人類文化史的計畫者，對於自然神學、倫理學、法律學的研究者，乃是必要的也無不可呢！正統經濟學將財富本身視爲目的，是從邊沁（Jeremy Bentham, 1748-1832）的功利主義入主後才有的。對於史密斯來說，財富只是生活的一種工具，而生活才是終極的目的。

亞當·史密斯長於綜合之才，一方面把以前各流各派的思想兼容並蓄，另方面爲後代學者提供百般問題學說的端緒，其在經濟思想史的地位，被比喻作「蓄水池」，多數河川注入其中，復又從其流出，因而被公認爲「經濟學的創建者」或「經濟學始祖」。其實在近代經濟思想史中，史密斯被歸爲「古典學派」，該學派也由他開始，而近代經濟思想史中，若非祖述或修正這一學派，就是對這學派的反動。在這學派之前，至少有重商主義、重農學派的出現。

古典學派從亞當·史密斯開始，經李嘉圖（David Ricardo, 1772-1823）、馬爾薩斯（Thomas Robert Malthus, 1766-1834），到密爾（John Stuart Mill, 1806-1873），自一七七六年史密斯的《原富》出版到一八四八年密爾的《經濟學原理》發行的七十年間，是古典學派昌隆的時代。這個學派的每個學者，在研究方法和個別學說上，都有他們自己的特色和主張，但有一共同點，就是決不以史密斯的反對者或批判者自任，而是以繼承者或集大成者自期，並且以遵守「自由經濟」（自由交易）爲原則。

三、影響史密斯的主要人物

任何學人的思想，都會受到當代和歷史人物的影響，對亞當·史密斯產生較大影響的人物，主要有如下幾位：

一是湯瑪斯·霍布斯（Thomas Hobbes, 1588-1679）。霍布斯認爲，處於自然狀態中的人們，由於自私自利的本性驅使，在社會生活中必然會發生利益上的衝突。他表示，「在沒有一個共同權力使大家懾服的時候，人們便處於所謂的戰爭狀態中，這種戰爭是每個人對每一個人的戰爭。爲了抑制這種戰爭狀態的發生，社會就要有一個超乎社會之上的巨大力量，國家就是這種力量的化身。」

二是約翰·洛克（John Locke, 1632-1704）。洛克主張公民與政府簽訂契約時，並未放棄自己全部的自然權利，只是把部分權利出讓給政府，自己還保持著那些政府不能干涉的權利。公民交出的那部分權利，統一交給由一些人組成的議會，建立議會制度的政府，實行立法與行政兩大職務分立的機制。行政服從議會，公民有控制議會的終極權利。必要時，公民可以收回自己交出的那部分權利，解散議會，再把權利交給另一些人，組建新的議會。

三是哈奇遜。一七二九至一七四六年，哈奇遜在格拉斯哥大學講授道德哲學，史密斯就在這期間上了哈奇遜的課。年輕好學的史密斯深受哈奇遜的薰陶，才開始向宇宙的一切睁開眼睛探索，這由史密斯每說到格拉斯哥大學時，必定提到哈奇遜，就可印證。史密斯承接哈奇遜對於自然秩序的樂觀看法，但哈奇遜在經濟學研究方面屬於重商主義者，而將自然法主義應用於經濟，提倡所謂自由放任主義，卻始於亞當·史密斯。不過，是哈奇遜引導史密斯進入經濟學領域，而史密斯日後在格拉斯哥大學講課的講義項目與哈奇遜類似，因而可以說，史密斯的學問是以哈奇遜的講義作爲基礎的，肯南也說史密斯承受哈奇遜的「遺物」。不過，史密斯並不滿意哈奇遜的倫理說，他對哈奇遜的「利己心」說明並不滿意。

四是休謨。史密斯和休謨的友誼，始於史密斯在格拉斯哥求學的時代，直至一七七六年休謨過世爲止，他倆的友情相當深厚，彼此時常互相評論對方的著作。史密斯在《原富》中常常提到休謨，並說休謨是「現代最傑出的哲學家和歷史家」。

史密斯從休謨所領受的，雖爲廣大範圍的一般哲學，但最明顯的是休謨以「人性」（human nature）爲研究經濟學的出發點，以及採取歷史的研究方法研究學問，而休謨又著力於說明勞力對生產財富的重要性，且不遺餘力地攻擊重商主義，主張自由貿易。史密斯的自由主義就是受到休謨的啓發，但休謨仍有重商主義思想，到史密斯才完全清洗乾淨，從而主張徹底的自由放任主義。

五是孟德維爾（Bernard de Mandeville, 1670-1733）。他出生在荷蘭，後來到英國當醫生，一七〇五年出版《蜜蜂寓言》（*The Fable of the Bees*）這本書，每次再版時內容都有變動，到一七五五年出第九版時，該書成爲當時道德上最重要的論爭中心。書的內容包括一首諷刺詩和對詩的評論，詩不長，評論占了書的絕大部分。該首詩說的是，有個蜜蜂王國，國王住在金碧輝煌的宮殿裡，女僕都穿著帶皺摺的華麗衣服，還有一大群銀工匠，專門爲國王打造金銀器皿，國王每天鐘鳴鼎食。表面上，這個王國一片繁榮，不過細看之後，發現這個王國充斥著虛榮、自私、爭名奪利、爾虞我詐。

突然有一天，這個王國的人要過一種全新的簡樸生活。奢侈品都不要了，僕人也不要了，連銀工匠也都解僱了。所有人都被趕到鄉下種田，可是哪有這麼多地可供耕種呢？於是失業人口到處都有，王國一片凋敝，國力迅速衰弱，最後被鄰國打敗。

爲何這個王國講究虛榮和奢侈的時候這麼繁榮，當崇尚簡樸美德之後，卻是民不聊生呢？因爲愛慕虛榮的人喜歡消費，喜歡奢侈甚至浪費，消費者跟傻瓜一樣，因爲什麼東西都不愁賣不出去，不管有沒有用，也不論貴賤，甚至於越貴越有人買。既然東西只要生產出來就能賣掉，生產什麼都賺錢，那麼生產就會越來越多，人們不會失業，節儉則正好相反。

孟德維爾說，我們總是被教育應該成爲怎樣的人，可是從來沒有人告訴我們，我們實質上是什麼樣的人。他說人的本質就是追求虛榮、利己的動物，虛榮並非壞事，它可以促進自己和他人的利益。

孟德維爾反對性善說，肆無忌憚地指出人性的黑暗面，以爲人都是依不道德行動的，唯有這些不道德，才是社會繁榮進化的原動力，如果只普及利他誠實的意念，社會必毫無刺激，隨之而暮氣沉沉，甚至崩潰滅亡。孟德維爾這本書被評爲「空前邪惡的書」，亞當・史密斯也把它批評得體無完膚，但史密斯卻以「利己心」代替孟德維爾的不道德，以爲依利己心（或自利）所作的行爲，其結果必能調和大家的幸福，也就是說「自利和公益相調和」這種見解似乎受到孟德維爾的影響。而孟德維爾更認爲，不道德的結果產生分工，並且已在使用“divided”、“division”這些字眼。

六是當時持自由貿易說的學者，如杜德利·諾斯（Dudley North）、查爾斯·戴夫奈特（Charles Devenant）、久希·查爾德（Josiah Child）、尼古拉斯·巴彭（Nicholas Barbon）等人，他們攻擊重商主義，倡導自由貿易說。史密斯的自由放任說深受他們的影響。

七是法國的重農學派學人揆內、杜哥。我們可以從「揆內如果不是在一七七四年就去世，史密斯必會將《原富》送給他」知其一斑，也可從史密斯稱讚重農學派是近乎眞理的經濟學說這一點得知。而杜哥的《關於財富的形成及其分配的觀察》一書也深深影響了史密斯。根據肯南在一八九六年出版的《法理學講稿》所寫的序文，提到揆內和杜哥的學說，的確對史密斯的思想產生極大影響，一是以自然秩序（natural order）爲論據的自然放任說。史密斯在赴法之前，就倡自由放任，且已承受哈奇遜關於自然秩序的思想，但立於自然秩序的論據上倡導自由放任，的確是受重農學派影響之後的事；二是關於分配的學說，史密斯在格拉斯哥大學幾乎未曾說過，而在《原富》出現的主要問題之一卻是分配論，所以，這個問題似乎是在他漫遊歐洲大陸時才得到的。重商主義的學人從來只注意不能消費的貨幣，直至重農學派才注重農產品，因爲農產品是每年可以收穫的，是每年要消費掉的，因而才不把財富這個觀念視爲一定的、固定的基本，而認爲是每年可以生產的，這是搞清楚「生產」這個概念的起點。生產是每年有的（不斷產生的），所以去年所生產的，去路就成問題，於是，他們才想到「分配」這個概念。重農學派從貨幣轉向農產品這件事，在這種意義上，在經濟思想史上，創了相當重大的一新紀元。史密斯必定是與他們接觸之後，才得知每年生產（annual produce）和分配的觀念。回國之後，史密斯在他的《原富》第一卷才插入關於分配的學說。

總之，讓史密斯研究經濟學的是哈奇遜，而給予「分配」這個新問題的是重農學派。史密斯的自然秩序學說，則是承自哈奇遜和重農學派；關於自由貿易係受休謨的影響；關於利己心的研究乃受孟德維爾和休謨的啓示。既然我們可將史密斯的經濟思想淵源，一一予以尋出，那麼，史密斯的創建究竟在哪裡？史密斯並未把他從他人所承受的啓示原封不動地予以使用，經過他處理之後，都得到與他人不同之處。史密斯雖然從他人得到這些材料，但他卻將這些材料予以化學作用，造成全新的東西。所以，史密斯的經濟學渾然成爲一個整體，毫無模仿他人的地方。

四、史密斯在經濟學說史上的貢獻

亞當·史密斯的經濟學，究竟哪一點比以往的經濟學高明呢？近代的國家成立時，政府爲了壯大聲勢和對外戰爭，所花費的費用頗鉅。以往的戰爭，是臨時徵召諸侯臣下的軍隊應付的，但這樣中斷人民的生活不是辦法，因而逐漸設置一定數目的常備軍。而戰爭方式也與中世紀時大不相同，當時決定勝負的已非英勇敢死的騎士，而是更精銳的武器，這使得政府的支出大爲增加，且與日俱增。如此，只憑以往君主的特權收入——諸侯的進貢等收入，是不敷使用的，因此，只有訴諸徵收人民的租稅這一途。而欲向人民徵稅，就得讓人民的財富增加，於是，增加國民財富就成爲政府的當務之急，而如何使國民增加財富，也就成爲近代國家的政策，這就是所謂「重商主義」（mercantilism）。所以，經濟政策是以徵收租稅爲目的出發的，而經濟學是從政府的租稅政策產生的。

這種政策自中世紀末期至十八世紀中葉，前後共約兩百五十年，經由這種政策，中世紀自給自足的都市經濟，才能轉變爲國民經濟的型態。它是從政府財政上的打算出發，因而縱令在後期成爲增加國民財富的手段，其本身似乎具有相當獨立的目的，但始終未能擺脫其出發點的色彩，財富遂成爲國家（政府）的財富。縱使也考慮國民的財富，但這個所謂國民，不過是抽象化後個人集團的國民而已，至於實際民衆各個人的財富，卻未予考慮。

不過，政府的存在，係民衆生活不可或缺的，因此，爲維持政府的存在所必需的租稅，對於民衆來說，是有意義的。然而，應該是以民衆生活爲主，而政府爲輔。若從爲滿足爲輔的政府之必需，來訂一切政策的話，就很難保證它絕不會與爲主之民衆的生活產生扞格，十八世紀的情況就是如此。所以，主張「財富是民衆生活所必需」，與「唯有財富才能提高文化生活」的人，他必須將財富變成非政府的財富，也就是人民的財富才行。從經濟政策上，把徵稅的目的洗滌乾淨，從經濟學上剝掉政治色彩，從而使其變成社會的財富，這就是亞當・史密斯想要完成的工作。

史密斯注重人民的生活，可由《原富》中看出端倪。他開宗明義就說：「對每個國家來說，供應全國人民每年消費的生活必需品與便利品的根本來源，是全體國民每年的勞動。」

在第四卷第八章中說：「消費是所有生產的唯一目的與意義，生產者的利益是應該受照顧，但不該超過也許是促進消費者利益所必要的程度。」這也是在批評重商主義者僅著眼於生產者的利益，卻忽視消費者的利益，顯示史密斯是如何重視消費（人民的生活）。

史密斯又在第四卷序言中說：「政治經濟學，視爲政治家或立法者的一門科學，企求兩個目的：第一，要讓人民有充裕的收入或生活物資，更確切地說，就是要讓人民能夠爲自己提供充裕的收入或生活物資；第二，要讓國家有充裕的收入支應各項公共服務。簡單地說，政治經濟學是一門探討如何裕民又富國的學問。」這很明白地說明了經濟學是以人民生活爲目的，所以，史密斯把政府的收入置於次要位置。

對於史密斯的經濟學，一般都以自由放任主義看待，不過，這絕不可以單純解釋爲「政府不得干涉經濟現象（營運）」，而應解讀爲「企圖將以政府爲重的經濟學，轉移至以人民生活爲主，政府爲輔的經濟學」。爲此，就必須讓政府收回干預的手，於是出現了自由放任，政府不得干預的要求。十九世紀末，政府干預再度抬頭，出現了所謂「集體主義」。將史密斯等個人主義時代置於中間，前面是重商主義時代，後面是集體主義時代，這兩個時代都是政府干預頻仍的時代。但集體主義時代，政府干預是為了人民的生活，這是因為經過史密斯等個人主義時代，確立了以人民為主的經濟學。所以，經過史密斯等個人主義時代，政府的干預雖然復活，但它的目的卻與重商主義完全相反。

有人或許會問：史密斯既然以人民的生活為目的，為何未曾傾全力於分配論？其實，史密斯在「分工」和「不可見的手」的分析上，已經交由「市場機能」從事自然分配了！

亞當·史密斯開始著眼於人民的生活，認識財富對於人民生活的重要。以往的民眾改造運動，只埋首於政治組織的改造，以為這樣就可以建設理想的社會，而史密斯捨棄政治形式，注意其內容，鑑於「物」之環境的重要，開始改造運動新局面，他將社會生活和財富直接緊密連結，在此基礎上倡導自由主義。

重商主義的經濟理論只在國與國間的貿易開放、保護遊走，完全未涉及內地經濟活動。對於所輸出的物品，怎樣在內地生產，如何運到海港；所輸入的物品，到何處、如何消費掉等等國內經濟的相互關係都不清不楚。重農學派對於財富循環的說明，才使世人知曉複雜的經濟社會，怎樣才有有機的密切相互關聯，但重農學派只從農業這個狹小的管孔觀察經濟社會，其眼界受到限制。而史密斯則站在高一層的地方，俯視廣闊的平原，因而才能將複雜的經濟社會，一望就抓住原貌。而且，史密斯企圖從混沌中發現能夠推動整體的原動力，若能抓住這一把鑰匙，必定能導致統一的秩序。史密斯將它求之於「人性」，並斷定這是人的「利己心」，如此一來，經濟學才開始成爲一門科學。

此舉的重要性，無論如何強調，大說特說，都不會過甚其詞。對於自由的要求，我們也可以作同樣的評價。英國很早就有爭取自由的歷史，但這只是英國人所要求的自由，並不是人類共同所要求的自由。自清教徒逃到美國後，自由才由神所賜予，不可以用人爲的力量剝奪，至此，自由才不只是英國人的自由，而是天下人類所該要求的自由。從神與人之間的關係肯定自由時，自由就成爲任何時代、任何國民都可以適用的原則，亦即，予自由以普遍妥當性。同理，自史密斯從人性出發研究經濟學之後，經濟學才被予以普遍妥當性。在此之前，經濟學只是適用於一定時代、一定處所的經綸之策，而以「人性如此」而出發的經濟學，只要對方是人，就可適用，亦即可用於任何時代、任何處所。所以，史密斯將經濟學予以普遍妥當性，而普遍妥當性，是作爲科學必須的前提，如此一來，經濟學也就是科學了。如果人性的研究是道德哲學家所要做的事，我們也就可以了解經濟學的創建者亞當・史密斯，之所以是大學的道德哲學教授的緣故了。

當然，人性的研究非始於史密斯，而經濟現象的研究也早就有許多學人嘗試，但從人性出發研究經濟學的，卻是始於史密斯。是史密斯開始站在經濟學和道德哲學的交叉點，把經濟學構成一門有系統的學問。休謨雖也曾站在這個交叉點上，但他未能充分發揮這個地位就去世了，史密斯也就這樣才能獨攬這個功績。

史密斯提出的利己心，後由邊沁的心理學快樂說（Psychological Hedonism）發揮得更徹底，而且成爲正統派經濟學人生觀的根基和立場的前提。在十九世紀後半，一方面從社會心理學的觀點，以爲人性是複雜的東西，而不是單純的利己心，另一方面，理想主義者斥史密斯的見解爲自然科學，而企圖從別的立場來創建經濟學。然而，無論如何，企求說明人類本身裡面複雜的經濟現象的鎖鑰，將是永遠不變的。史密斯將經濟現象的說明求諸人性，猶如康德（Immanual Kant, 1724-1804）將眺望外面的眼睛轉向裡面，這也就是爲什麼史密斯常被與康德比較的原因。就這一點，史密斯的地位不只在個人主義經濟學中，而且，不管他是不是個人主義者，史密斯其實超越了一切學派，這也是他的第二個功績。

以上指出史密斯把政治色彩從經濟學去掉，以及他使經濟學成爲一門名副其實的科學；這兩個功績，這都在《原富》這本經典名著中顯現。一七九六年，克勞斯（C. T. Kraus）教授就說：「世界未曾有過比《原富》更重要的書籍，自有新約聖經以來，沒有對於人類有如此偉大貢獻的書籍。」巴克（Henry Thomas Buckle, 1821-1862）也說：「這一部書是以往所有書籍中最重要的一部，它在確立政治的原則這一點，是單一人最可貴的貢獻。」這些話或許過於誇大，但史密斯的劃時代成就與功績，在歷史上實在是絕無僅有的。關於《原富》這本經典，下一章再詳細介紹。

五、史密斯經濟思想的根基

在探究史密斯的經濟思想時，可以發現有兩種不同的傾向流注於他的思想，一爲目的觀；一爲機械觀。前者最精鍊而對近世歷史有重大影響的，是關於自然秩序（natural order）和自然法（law of nature）的思想，從法國開始，在歐洲大陸興盛。最先在經濟思想上顯現自然秩序和自然法的就是重農學派的學說。

重農學派相信神預先予宇宙以一定的秩序，我們的第一項義務是，認識這個自然秩序是什麼，而這種認識不能單靠觀察外界事實，必須從「由衷的啓示」（revelation）而來。我們的第二項義務是，認識了自然秩序之後該如何使我們的生活能夠適應它。人爲的干預是有害無益的，這是自由放任（laissez - faire）的由來。此種見解是重農學派立論的出發點，也是它們毫無批判地接受的前提。重農學派只以自然所作用的農業爲生產，其他的產業都是非生產的。不過，他們也不只抱持目的觀，像以醫爲業的揆內之從自然科學的見解，研究財富循環的學說，就是最明顯的機械觀，但重農學派的學說毫無疑問是以目的觀爲主。

上文已經提過，史密斯關於自然秩序的思想是承自哈奇遜的，但他並不那麼單純地就只以此作爲自由放任的論據。平心靜氣地研究經濟學界由古到今的發展過程，主要經濟制度都有政府干預，既有政治家又有立法者的政策，但唯自然（spont aneity）之勢使其達致今日之現狀，如爲生產最重要的要件之分工，就絕非以人類的知識，企圖以此導致社會一般的繁榮爲目的之現狀而想出來的，而是人性中的某種傾向，亦即是從欲與他人交易的傾向，自然而然（必然）產生的。又如貨幣，乃起始於爲了免於物品交易的不方便，有腦筋的人，除享受財貨外，還準備某種交易財貨，這並非政府獎勵其使用而起的。政府對於貨幣的干預是很晚之後的事，而貨幣的淵源，我們應當將之歸因於歷代群衆心理自然而然的結果。又，資本是由每個人的儲蓄逐漸累積而來，但人絕非以增加國內資本爲目的來儲蓄，而是爲改善個人的生活來儲蓄的。雖然不是爲了國內資本的增加而儲蓄，但個人儲蓄卻助長了國內資本的增加。這樣子的運作方式，表明經濟制度絕非依當政者的人爲所確立，而是由自然發展所獲致。

我們再觀察自然的運作，我們雖然沒有去強求，但經濟卻得到好的結果，這也就是需求與供給的關係，使財貨的價值決定（停留）於「自然價格」上。當需要勞力時，工資的上升使得願意勞動的人增加；貨幣太多時，自然成爲流出國外的原因，這些都是不待政府的干預，就自然出現的可喜結果。於是，由於經濟制度的自發性（spontaneity）和恩惠（beneficience）出現這樣自然的結果，終於得到解釋的鎖鑰，那就是自己改善自己（個人）經濟環境（生活環境）之各人的自然努力，也就是所謂的「利己心」。各人的利己心不必憑恃他人或政府的勸誘，自然而然成爲經濟繁榮進步的原動力，這是使經濟制度發達的中心要素，而史密斯所主張的「自由放任」的論據也在於此。

史密斯提倡自由放任採樂觀態度，係根據事實的觀察，絕非重農學派的「基於單純的信仰」。所以，史密斯的經濟思想不只具有機械觀，也有很大成分的目的觀，之所以使他超然於機械觀上立論的終極源泉，乃是自然神學。史密斯是一個自然神論者（deist），他認爲神是爲人類的幸福而創造世界（宇宙）的，因此史密斯樂觀的認爲，全人類必定能實現他們各自的幸福。在《原富》中的「不可見之手」（invisible hand），就是史密斯的信仰之具體說明，這不外是說，是神的手在推動著每個人，使每個人去追求各自的幸福，結果就會導致整個社會或全人類的幸福。

史密斯的目的觀，不但顯現在此學說的整體上面，就是在說明原因結果的機械觀中亦得見之，這是因果關係的說明，也是可加以規範之觀念的例子。譬如，史密斯用「本質或自然」（natural）這個字，除了有因果連接上「必要或必然該來」（necessary）的意思外，還可解釋為他的理想不得不來的意思；又，以人為的力量破壞自然秩序時，撤走人為就可恢復自然，譬如相信自然的「恢復力」（《原富》第四卷第九章）也可視為目的觀的表現。此外，有人指出，史密斯在取捨歷史材料時，或以便於他自己的學說為準，不過，這也是目的觀所使然。

史密斯的目的觀在《道德情感論》中最明顯而強烈，在肯南出版的《講稿》裡就稍稍減退，而加上機械觀的見解。到了《原富》，機械觀更得勢。因此史密斯的思想傾向是逐漸離開目的觀，轉而趨向機械觀。不過，我們不能忘記目的觀是推動史密斯學說的要素，這是解釋他的「利己心」最重要的一件事。史密斯的利己心與當今我們所說的利己心不同，它不過是神為實現人類的幸福所使用的手段而已。雖然意識到人只依其自己的利益而動，但從神來說，這也應該加以相當的抑制和輔以利他心的。這不外乎神把人的利己心當作一部機器來實現其增進人類全體幸福的意圖（《原富》第四卷第二章）。

史密斯的利己心應該與他的目的觀一起來思考才對，將他的利己心去掉目的觀，只以利己心本身作為獨立前提的，是日後的學者之所為。必須強調的是，在史密斯的思想裡，目的觀和機械觀是並存的，直到馬爾薩斯，目的觀才漸黯淡，但尚未完全消失。到了受邊沁影響的李嘉圖時代之後，目的觀才完全消失，但到密爾時，目的觀又以別的姿態出現。從重農學派，再經由史密斯到密爾的經濟思想史，目的觀和機械觀的消長，是一個很有趣又值得研究的課題。

第三章

《原富》、《國富論》、分工和市場不可見之手

亞當·史密斯並非一開始就鑽研經濟學，但「有心栽花花不開，無心插柳柳成蔭」，沒想到一七七六年出版的*An Inquiry into the Nature and Causes of the Wealth of Nations*（簡稱*The Wealth of Nations*）這一本經典鉅著，竟讓他被尊爲「經濟學始祖」。

上一章已將史密斯如何進入經濟學領域及其寫作這本經典的過程作了說明，本章則介紹該書如何進入華人世界及該書的內容和影響。

一、斯密 V.S. 史密斯、《原富》V.S.《國富論》

Adam Smith及*The Wealth of Nations*的中文譯名，最早是由翻譯大師嚴復（一八五四－一九二一）在一九〇二年（清光緒二十八年）十月譯出的，他將Adam Smith譯爲斯密亞丹，將*The Wealth of Nations*譯爲《原富》，迄今「斯密」這個譯名還是最常用，而且不限於經濟學界。不過，Smith這個姓，一般卻大都以「史密斯」稱之，而Adam則都稱爲「亞當」，「亞丹」很少人用，甚至幾乎沒人用了。至於《原富》這個書名，當一九六八年臺灣銀行經濟研究室出版周憲文和張漢裕合譯的《國富論》上下冊之後，也似乎被《國富論》取代了。

Adam Smith譯爲亞當．斯密或亞當．史密斯隨人喜歡，幾乎沒有爭議，但這本經典的《國富論》這個通俗譯名卻很有值得商榷之處。嚴復所譯的《原富》，是以文言文翻譯，無新式標點符號，現代人想必難以讀懂，但該書由南洋公學譯書院出版發行後，梁啓超（一八七三—一九二九）卻大爲稱讚說：「嚴氏於中學西學，皆爲我國第一流人物。此書復經數年之心力，屢易其稿，然後出世，其精美更何待言！」何況嚴復又有「翻譯大師」美名，譯作自然符合其自訂「信、達、雅」的標準，再者「原」在文言文中有「往上或往根源追究」的意思。所以，《原富》這個譯名應該是很恰當的，也充分表達原著的旨意，畢竟 *An Inquiry into the Nature and Causes of the Wealth of Nations* 這個長長的原文書名，旨意就是「探索“The Wealth of Nations”的本質及其肇因」，主角是“the Wealth”，亦即「財富」，問題就在「誰的財富？」史密斯明確指出是“Nations”，關鍵點就是這個小小的“s”。

已故的自由經濟前輩、《自由中國》半月刊主筆夏道平先生（一九〇七—一九九五），在一九八八年十月十日於中華經濟研究院出版的《經濟前瞻》上，撰寫了〈經濟學者應注意的一個小小“s”〉這篇短文，內容是由他寫給某刊物文稿中提到史密斯的這本經典名著，他用嚴復的中文譯名《原富》，卻被編輯改爲《國富論》，所引發的感想。夏先生說他知道《國富論》這個中文譯名在早年中國大陸和後來在臺灣印行的版本都用，但他不願用它而樂於用《原富》。夏先生表示，從表面上看，這好像是很小很小的事情，但在觀念上卻會衍生對立的差異，以致在政策上可能帶來嚴重的後果。問題就發生在原著的書名中"Nations"這個字的尾巴"s"是否有受到重視。

夏先生鄭重嚴肅的指出，這個小小的"s"之有無，關係到這本書所講的是什麼經濟學：是國際主義的，還是國家主義的？這的確是個很重要的區分。夏先生說：「代表古典學派的亞當・史密斯，失敗於他的價值論；而他的偉大處，在於方法論的個人主義，在於理想中的國際主義；從而他排拒集體主義的思想方法，排拒國家主義的偏狹立場。所以當他討論財富問題的時候，他不以一國為本位（儘管他書中講到的一些「事例」大都是英國的），而是著眼於多國。因此他在這部書名上用的"Nations"是多數式的。」

因此，夏先生認為《原富》這個譯名，雖未顯示出那個小小"s"所蘊含的國際意義，但不至於誤導到經濟國家主義。而用《國富論》這個譯名中的「國」字，卻可能有這種危險。這是因為中國文字的名詞，其本身沒有單數式和多數式之分。夏先生強調說，這不是他在咬文嚼字，也不能說他過於顧慮。事實上，當代各國的經濟學者，儘管不會不知道李嘉圖所發現的「比較利益法則」，但是，其中能夠一貫地忠於知識，而其意涵和言論不被政治神話中的「國家」陰影所籠罩者，畢竟還是少數。

夏先生於是在文末語重心長地說：「此所以世界各國所採取的經濟政策，幾乎沒有不是以鄰爲壑，而弄得國際市場秩序——自動調整的市場秩序，經常陷於混亂。而且在混亂中的對策，不是苟且式的牽蘿補茅屋，就是荒唐的抱薪救火。二十世紀的兩次世界大戰之發生，仔細分析，即可看出經濟國家主義之作祟。基本的利益法則，是沒有國界的，如果它一時受阻於國界，其終極的後果是大家受害。」

我非常認同夏先生的說法及其疑慮，尤其對照當前的世界，各國都在從事貨幣戰爭，也在進行經濟戰爭，新重商主義的「國家經濟主義」瀰漫全球，爭權奪利、爾虞我詐的國際經濟談判司空見慣，自由貿易受到抹黑、訕笑。二〇〇八年諾貝爾經濟學得主克魯曼（P. Krugman, 1953-）剛出道時，由其「國際貿易」專業領域立場，大力針砭「經濟國家主義」，對麻省理工學院的經濟學家佘羅（Lester C.Thurow）大力撻伐。佘羅在一九九二年春出版的《世紀之爭》（*Head to Head*）一書暢銷全球，被克魯曼認爲與該書副標題「一場即將來臨的經濟戰爭」密切相關，該書並獲得當時的美國總統柯林頓及許多有影響力人士的支持，可見「經濟戰爭」、「國與國之間的經濟戰爭」普受認同。本來，將經濟「競爭」比擬成「戰爭」，是「非經濟領域人士」的習慣，優勝劣敗的達爾文（Darwin, 1809-1882）進化論也不適用於經濟界，但佘羅這位全球知名的經濟學家竟帶頭鼓吹，這對亞當·史密斯的經濟學是一種反動。正如克魯曼所言：對訓練有素的經濟學家來說，把國際貿易當作與軍事敵對相似的戰爭觀點，聽起來是非常奇怪的。

不過，我們必須承認，現實世界是有許多貿易衝突和「策略性貿易政策」的事實，這也是各國政府決策者、商業領袖，以及有影響力的知識份子之看法，也就是這些地位關係重要的人士抱持「貿易是類似軍事戰爭」的觀點，他們基於自身的利益，對於「競爭是互利的道理」故意無視或全然無知，於是「商戰」不但在輿論上居絕對優勢而流行，也表現在競逐「國家競爭力」上，致使「貿易保護」成為常態。其實，這也正是重商主義和新重商主義者的論點及主張，是亞當·史密斯反對，甚至要破除的。

所以，將史密斯的這本經典用「國富論」這個中文譯名，的確有「一國本位」的味道，與史密斯的「多國」、「全部國家」的本意有所扞格，而夏先生的提醒也非小題大作，而應嚴肅辨正。

雖然曾有學者辯說史密斯當時的英國，擁有許多殖民地，因而史密斯所指的多國還是只指大英國協。不過，縱使如此，一來「日不落國」幾已包括全球，二來不分本國、殖民地都一視同仁。因此，既然史密斯意在探尋財富的本質和起源，當然含括的對象就是諸多國家的人民，亦即如何讓全球民眾都能得到愈來愈多促進生活福祉的財富。

《國富論》這個中譯名的確容易被誤導到「經濟國家主義」，讓各國的領導者及其人民只顧自己國家的財富之增進，於是在觀念的錯誤引導下，衍生出「保護主義和保護政策」，而「以鄰爲壑」的不幸後果也就層出不窮。夏先生特別提醒我們注意：本世紀的兩次世界大戰之發生，仔細分析，即可看出經濟國家主義的作崇。

史密斯的經典大作講的是「分工合作」，由之引出的基本經濟法則，也應該是沒有國界的，一旦不幸受阻於國界，其終極後果是大家都受害。二十年來GATT（關稅暨貿易總協定）、WTO（世界貿易組織）不斷地推展自由貿易，「經濟無國界」已是再熟悉不過的名詞，民族國家在經濟事務上似乎走到終站，此時再回頭檢視史密斯這本經典鉅著的中譯，確實更饒富趣味，也更令人感同身受！

那麼，《國富論》這個中文譯名是不該再繼續使用了，但選用什麼譯名較恰當呢？在沒有更好的譯名出現前，讓我們回頭使用偉大翻譯名家嚴復先生最先用的《原富》吧！該譯名雖未能點出「多國」、「全球人民」的國際意義，但卻傳神地點出

「財富起源」的原味，而且「富」既未特指，自可適用多國。在此我們也應已見識到「文字、語言的魔力」，以及「翻譯」的重要性。

其實文字、語言的威力在日常生活中時常可以碰到，其關乎文化、生活習慣是無可置疑的。近來多所大學強迫用英文教學、中研院的院士也曾倡言以英文寫作和多用數學，以及「翻譯」向來在臺灣都被視作不登大雅之堂，更長期受學術界鄙視。趁此反省《原富》中譯名的機會，順便呼籲國人以富於內涵的思考態度，嚴肅看待這些影響深遠的課題。

史密斯這本經典的中文譯名由「原富」到「國富論」，雖和史密斯的原意背離，但和現實世界卻較爲相符，此也印證現實人間向下沉淪，社會上充斥爭權奪利、衝突、敵對，甚至「人人爲近敵」，而「國富論」的譯名難免有推波助瀾的作用。既然二〇〇〇年又再重譯該本經典的上冊，二〇〇五年再譯下冊，而且又是好友謝宗林主其事，他也是夏先生的知音，爲何沒趁機至少回到「原富」這個最初的較適當譯名呢？「國富論已經普及，換名就不被人知曉了！」或許！但，即使新出版的譯本內容較能正確詮釋史密斯的原意，譯筆也佳，較合乎「信、達、雅」，但厚厚兩大冊，現代人很難耐心讀完，何況如經濟名家哈利・強森（Harry G. Johnson, 1923-1977）在一九六一年五月，於《美國經濟評論》（*American Economic Review*）這本全球數一數二經濟學術期刊發表的"The General Theory After Twenty – five Years"這篇論文中所說的：「大凡被稱爲經典名著，就是每一個人都聽過，卻沒人眞正看過的書。」（…… a classic – meaning a book that every one has heard and no one has read.）如此一來，對於這世代和未來世代的華人就可能被誤導了，因而我覺得有必要多花一些篇幅將事情說清楚、講明白，也盼望不要再用「國富論」這個譯名了！

二、愈陳愈香的《原富》

正如哈利・強森教授所言，所謂經典名著就是「每一個人都聽過，卻沒人眞正看過的書。」一九八七年領銜四位臺大經濟學系教授寫作暢銷基礎經濟學教科書《經濟學——理論與實際》的臺大經濟學系退休教授張清溪（一九四七—），二〇〇〇年爲《原富》新中譯本寫〈導讀〉，說他剛進臺大經濟學系就讀時，就興沖沖地到圖書館借《原富》英文原著，想一窺這個號稱「經濟學之父」的代表作，結果看來看去看不懂。不久，忙別的事就把它忘了。一別三十年之後，他才認眞重讀《原富》，赫然發現史密斯是在五十歲時完成該巨著，正是張教授讀它的年紀。他是以臺銀經研室出版的經濟學名著翻譯叢書（上、下冊）爲基礎，看不懂的地方才核對原文。張教授發現譯本的問題很多，尤其是上冊，於是興起重譯念頭。巧合的是，當時謝宗林在我向出版社推薦下，已著手翻譯，張教授得知後很高興，一來他可免除翻譯的沉重工作，二來深慶得人。

張教授說他當時爲了教學需要，看了不少經濟翻譯書，就以謝宗林主譯的《不要命的自負：社會主義的種種錯誤》（*The Fatal Conceit: The Errors of Socialism*）最讓他滿意。該書是一九七四年諾貝爾經濟學獎得主之一海耶克（F.A. Hayek, 1899-1992）的著作，而他的書一向以難讀出名，讀懂都不容易了，遑論翻譯！由此可見謝宗林的功力，難怪張教授這麼推崇謝宗林翻譯《原富》。二〇〇〇年時譯出上冊，二〇〇五年再譯完下冊，華人世界的人們可以方便地讀中文，就可明白史密斯的經濟思想精髓。值得一提的是，謝宗林退休後傾全力再將奧國學派第三代掌門人米塞斯（Ludwig von Mises, 1881-1973）的不朽鉅著《人的行爲》（*Human Action*）重新翻譯，當作傳世之寶，是華人世界的一大福音。

回過頭來談史密斯的《原富》，張清溪教授自問說：自從亞當·史密斯的《原富》發表以來，兩百多年的經濟學發展，照理說應已將其精華納入教科書中，爲何還有必要重讀原著？他自問自答提出三個理由：

「一是它完成於現代經濟學體系建立之前，立論的方法是從複雜的社會現象中，歸納出經濟學原理，我們可以從書中學習到這種觀察社會的方法。這種學習方式與當代學生從教科書中依循有體系的學習，各有優劣。現代的學習方式有一套完整體系，可以大量節省時間，缺點則是很容易侷限於這個體系內，跳不出既有的框架，難以看到體系外的風光。作過論文研究的人，常常有一個經驗，找論文題目與尋找立論的觀點，從雜亂無章的現象、資料、思潮中理出『頭』、『緒』，是作研究最困難費時的；其實這也是做研究最珍貴的地方。當然，若有現代經濟學的基礎，而又能開放心胸不帶執著地去重讀古典，則會有更深的認識與體會。這裡的重點是『不帶執著』，因爲《原富》完成於一七七六年（也是美國獨立那年），因此書中所說的本世紀，就是十八世紀。我們看這部兩百多年前的書，要能儘量體諒當時的情景，不要先有批判的成見，才不會阻礙自己去了解作者的意思。若是能這樣品嘗，或許會發現亞當·史密斯的地租理論，比後來李嘉圖的『差額地租』更寬廣、更具啓發性。我們最好還要知道，《原富》完成的十八世紀中葉，正是歐洲流行海外探險殖民的年代，當時英國有東印度公司，而東印度公司與當時的商業同業公會，是亞當·史密斯經常批評的對象，因爲政府賦予它們太多的特權。

第二，亞當·史密斯的主張，有些不被後人重視，例如『分工』。《原富》共有五卷，而第一卷第一章的標題就是『論分工』，之後三章分別是『論促成分工的原理』、『分工受限於市場範圍』與『論金錢的起源與應用』。在我近年來慢慢了解分工的重要性，以及金錢（貨幣）對於分工、交易的價值之後，我對於亞當．史密斯以『分工』來爲《原富》這個經濟發展理論破題的安排，簡直是驚呆了。因爲，經濟學的最終課題是『發展經濟』，而『分工』正是經濟發展的根源，是比科技、資本、制度更根本、更關鍵的因素。亞當．史密斯一針見血指出分工的關鍵角色後，分工的觀念雖然被接受了，但在整個汗牛充棟的經濟理論著作中，它的地位卻很邊緣，原因是在近代數理經濟學中，分工不容易處理。幸好旅澳華人經濟學家楊小凱與黃有光等人，特別是楊小凱，對此有極大的突破。其實我對此的一點了解，也得助於楊小凱在臺大經濟系客座中的講學。

第三，我們從《原富》中除了尋找西方社會科學的根源外，還可以當做經濟學史來學習，特別是第三卷。亞當．史密斯分析任何問題，幾乎都從『原始』社會的歷史變化開始陳述，從中解釋其間的經濟意義。他對社會現象的經濟內涵，有著非比尋常的洞察力，很多我們看似稀鬆平常的現象，他可以洞察其中代表的社會意義，特別是在經濟發展上的特殊內涵。整部《原富》就是在分析經濟發展，因此讀者要記得印證各個論點與經濟成長的關係（例如：價格機能如何促進經濟成長），這就有賴讀者細細體會了。正因爲亞當・史密斯的這種洞察力，我們迄今還可以經常看到，許多極有名的經濟學者不時地引用《原富》的詞句。」

張清溪教授在二〇〇五年爲《原富》下冊最新中譯本寫〈導讀〉時，再以〈陳年佳釀，歷久彌香〉爲題，繼續加碼強調《原富》爲何現代人應該讀，他是這樣寫的：

「很多沒唸過經濟學的人，都聽過亞當・史密斯（Adam Smith）這位現代經濟學之父的大名；但唸過經濟學的人，卻很少有人讀過他的成名作《原富》。到底亞當・史密斯在兩百三十年前完成的這本鉅著，是不是還値得二十一世紀的我們去看呢？當然値得。說得誇張一點，現代經濟學也只不過在闡釋《原富》，而且許多基本的原理，還沒有《原富》說得明白呢！

簡單說，現代經濟理論的精華，《原富》裡面幾乎都講到了。也就是說，經濟學兩百多年來汗牛充棟的論述，相對於《原富》而言，也不過像是千變萬化但卻『逃不出如來佛手掌心的孫悟空』而已。現代經濟理論，可以說都是在圓融亞當・史密斯在

《原富》中的論點和見解，就爲了證明他說的都是對的。亞當．史密斯在《原富》裡所表現的眼界和恢弘氣度，可以說是無與倫比，歷久彌新。

《原富》不像一般人所想的，是字字艱澀難懂的說教；相反的，裡面有很豐富的背景故事，令人不得不驚訝亞當．史密斯眞的是學富五車、洞察力獨具的『社會觀察家』。他說故事的本事高超，對中國、印度、古希臘、羅馬……從古到今，上至王公貴族、下至平民百姓的『瑣事』如數家珍。這恐怕是讀者沒有料想到的。

從經濟學術著作來說，《原富》還提出了對現代經濟學術界的一項深沉反思。眞正好的經濟著作或理論，應該源自對於實務的精闢觀察；眞正的經典經濟論述方法，應該不是推導一些公式，利用繁雜的數學技巧得到一個再簡單不過的結論。千秋萬世後，眞正傳世的經濟著作，還是像《原富》這樣的論述。

另外值得一提的，《原富》甚至在文辭、文章結構都很傑出。這也是現在的『經濟論文』所無法比擬的。這些，也值得當代經濟學者好好地品味、思索。

《原富》在過去看的人少，還有一個原因是沒有好的譯本。這個問題在這裡得到了很好的抒解。看這本譯著，簡直就像看小說般的輕鬆自在，但它卻是一本像中國《史記》般的超凡鉅著。本書譯者謝宗林先生，是翻譯《原富》的不二人選。現在，我們已經沒有不看《原富》的最後藉口了。」

張教授說的沒錯，現代人已經沒有不看《原富》的最後藉口了，因爲不但「萬事皆備」，連「東風」也不欠矣！回想四十多年前就讀臺大經濟學系時，是由張漢裕（一九一三—一九九八）教授的「經濟思想史」這門課，和他寫作的《西洋經濟思想史概要》來認識亞當·史密斯和《原富》。開口閉口都是史密斯的張漢裕教授，對史密斯推崇備至，對史密斯的思想理論更是如數家珍，儼然是「亞當·史密斯專家」。他不但在一九六八年參與《原富》下冊的中譯，也將《原富》推介給臺灣著名的「大同公司」董事長林挺生（一九一九—二〇〇六）先生，聽說林董事長在其創建的「大同工學院」還親自教授該書，只不知該校（一九九九年改名大同大學）現今是否還持續教授《原富》？倒是張清溪教授多年來都將《原富》作爲臺大課堂讀本（名著選讀），還曾在師大與非經濟本科的學子共同研讀呢！

張漢裕教授非常重視「倫理道德」，想必是深受亞當·史密斯的薰陶。記得我和謝宗林在一九九七年中研院社科所主辦的「第一屆家庭與社會資源分配研討會」中，合作發表的〈家庭倫理、市場倫理與「社會安全」〉一文，特別受到張漢裕教授的青睞，特邀請我們到臺大經研所他所開授的研討課發表，供研究生研討。由於我們未能就文章的精要說明，而是扯到經濟學的發展，引發張教授的訓斥，因爲我們言不及義，沒有就「倫理」這個主題剖析。張教授也曾在一九八三年中國經濟學會年會中，就「亞當．史密斯《原富》的國民所得測量標準論」爲題發表專題演講，以紀念《原富》決定版出刊兩百年，足見其對《原富》探究之深！他指出史密斯確認勞動是「普遍共同、眞正實質、正確不變」的價値尺度，而史密斯對價値尺度標準的研究，目的不只是價格形成的闡明，更重要的乃在尋求「不同國度、諸種進化階段」的財富、所得福祉的衡量比較標準。他也指出史密斯的學問涵蓋了倫理、文化學科，後來才專精於經濟領域，而時刻不忘以活生生的「人」爲關心對象。

三、利己心、自私、利他、利己利人或利人利己

當今的基礎經濟學教科書，開宗明義幾乎都由「人的欲望無窮，資源有限」開始，強調人的「自利」（selfinterest），人們也都認爲這是源自於亞當・史密斯。而史密斯的《原富》一九三七年版英文書的第十四頁（二〇〇〇年版中譯本第三十頁），這樣寫著：

「我們每天有得吃喝，並非由於肉商、酒商，或是麵包商的仁心善行，而是由於他們關心自己的利益。我們訴諸他們自利的心態而非人道精神，我們不會向他們訴說我們多麼匱乏可憐，而只說他們會得到什麼好處。」

在這一小段文字中，一針見血地將「自利」的現代人之人性勾勒得甚爲傳神；

從此以後幾乎所有經濟學的討論裡，都假定「自利行為」的存在，但往往忽略或排斥利他行為。也就因為如此，許多社會學者和心理學家，以及馬克思主義者和社會主義者，都認為經濟自由哲學所假設的人之行為模型有缺陷，於是拒絕接受。不過，亞當．史密斯的《道德情感論》一八五三年版本第三百二十一頁（二〇〇九年版中譯本第三百頁）中，有這樣的敘述：

「每一個人都更顯著地感覺到他自己的快樂與痛苦，甚於感覺到他人的快樂與痛苦……，在他自己之後，他自己的家庭成員，那些通常和他生活在同一屋子裡的人，包括他的父母、他的小孩、他的兄弟姊妹，自然是他最溫暖的情感對象。他們自然是，而且通常也是，對其幸福與否，他的作為必定最有影響的那些人。」

這裡所描述的，是「個人」在家庭裡，具有「利他性」。所謂的利他，係指某一個人的行為結果對「他人」有利，如此，上文引述的肉商等不是都有極強的利他效果嗎？所以，「利己」、「利他」的爭論，關鍵點應在「人心的主觀意志」且無所求，或者說是否行為人自願、油然而生且不求回報的。對於自己，「自利」、甚至於「自私自利」求取自身幸福，應該不可能是被迫的，對於家人、親戚朋友，甚至是自己喜歡的人，出自內心的主動利他，也應很自然。不過，對於眾多的陌生人，我們可能會主動而不計代價地利他嗎？雖然我們希望人人都有博愛、利他心，但回歸現實人間，卻是讓人失望的。

「人不爲己，天誅地滅。」幾乎是現代人的座右銘，儘管大家都批評自私自利，但現實卻是如此，於是轉而探究自利行爲。名聞全球的華裔產權名家張五常（一九三五－）教授認爲，自利行爲可由三個角度體會：一是利己的行爲也可以利他，這在上引的史密斯名言裡已明示了。二是「自私是會損人利己的」，此與寇斯（Ronald Coase, 1910-2013，一九九一年諾貝爾經濟學獎得主）的「交易成本」（tranaction cost）關係密切。三是反問「假若人是不自私的，社會得到什麼好處？」

如果人是不自私的，人際間的交易成本會大減，甚至是沒有，那麼人類福祉會提升，甚至人間會成天堂。大部分的宗教都勸人放棄私心，而共產、社會主義不也以「大公無私」爲基礎？只是「無私」這種境界只在烏托邦或是天堂，人間處處充斥自私自利，那就承認此事實，在此現實下，再看如何才能獲益。

張五常教授就曾對自利行爲作觀察，在一九八四年二月十四日發表了〈自私對社會的貢獻〉短文，描述自私自利對社會有利也有害，但不是利害參半，而是利大於害。他深知讀者不會同意這種說法，於是舉大發明家愛迪生（Thomas Alva Edison, 1847-1931）爲例證明。我們應該都同意，愛迪生對人類有莫大的貢獻。記得就讀小學時就被灌輸愛迪生是位偉人，爲了研究可以廢寢忘食，是位無私、人格高超的人物。但張教授說他在一九七四到一九七七年間，曾從事研究有關發明專利權的經濟問題，蒐集了很多資料，其中對有關愛迪生的部分，他特別留意，因爲他也是自小就被老師耳提面命應效法愛迪生的偉大、無私，爲社會貢獻。張教授在看過有關資料後，下評語說：愛迪生的「偉大」是對的，但「無私」卻是謊話。他發現愛迪生的自私，世界少有。愛迪生從不捐錢，對工人苛刻至極，對於自己認爲無利可圖的發明，一概不理；但認爲有商業價值的，就大量投資，日夜催下屬工作。

張教授說，愛迪生對發明後專利權的重視，也是少見，每次覺得外人可能盜用他的發明，就訴諸於法。如此一來，愛迪生的發明縱然是價值連城，他死時卻不富有，因爲打的官司實在太多了。張教授說，有人做過估計，認爲愛迪生所花的律師費用超過了他發明專利權所得到的收入，不過，這樣的結果也可以說是愛迪生將財富分享給了律師。可惜的是，律師也是高所得的一群呀！

張教授舉愛迪生這個典型的自私者對社會有偌大貢獻來印證「自私對社會有益」的論點，與上文提及的亞當·史密斯在《原富》裡所陳述的論調異曲同工，都支持「我們在市場能買到所需的貨品，可不是由於供應者的仁慈之心，而是因為他們為賺錢自利的緣故。」於是一直以來，主流經濟學不論哪個流派，就都將「自利心」作為「人的行為」準則。

不過，我們換個角度、拉高層次想一想，包括愛迪生在內，如果擁有「利他心」，豈非能發明更多、更好的，且有益於眾人的新事物？若各行各業的生產者，都能以「愛心」、「善心」生產物品，豈不讓消費者更喜愛？報酬怎不會滾滾而來？而且大夥兒在生產時也充滿一片和諧、和樂氣氛，而寶貴生產資源也會被惜用，當今所謂科技新貴「過勞死」、生活緊張忙碌、壓力過重的種種毛病不是就不會存在了嗎？有沒有這種「無私」典範呢？有！另一位名聞全球、更受敬重的偉大科家愛因斯坦（Albert Einstein, 1879-1955）就是這樣一個人。

話說一九三〇年時，美國百貨業鉅子Louis Bamberger和其妹Mrs. Felix出資請教育家Abraham Flexner幫忙建立一個新的科學研究所。Flexner覺得美國一般的研究所已有許多，乃建議創辦一所新型的高級研究機構，聘請世界一流的學者作研究，讓這些研究者有百分之百的獨立與自由，沒有任何教學、行政任務，要做什麼研究也是由研究者自行決定，研究所只負責提供足夠的經費。這所研究機構就是後來著名的普林斯頓高級研究所。

有人向Flexner建議聘請一九二一年諾貝爾物理學獎得主愛因斯坦，Flexner抱著姑且一試的心理，親赴加州理工學院，當面向在該處講學的愛因斯坦說明該研究所的種種，愛因斯坦很感興趣，而於一九三三年接受邀請。Flexner連忙請教愛因斯坦有何要求，愛因斯坦只提出兩個要求：一是必須接受他的助手邁耶爾且給予正式職位；二是愛因斯坦個人年薪只要三千美元，而且「若在普林斯頓一年生活不需三千美元，薪水還可以再低。」對於這兩個要求，Flexner頗感爲難，第一個要求完全沒問題，但第二個要求卻完全違背常理，一般人往往是「多多益善」，能得到的報酬是愈多愈好，怎麼會有人反其道而行呢？

Flexner的苦惱，不只是覺得如此低薪實在是虧待愛因斯坦，而且對其他研究者又該如何比照呢？於是Flexner一次又一次要求愛因斯坦提高薪水，到最後幾乎是用懇求的，才好不容易說服愛因斯坦接受一萬六千元的年薪。三千和一萬六千，相差五倍多，可見愛因斯坦要求三千美元以下的年薪有多麼低，而這就是愛因斯坦日常生活的態度，覺得這個數目的金錢已能好好過日子，這也可以看出愛因斯坦的生活是何等儉樸、簡單。

愛迪生和愛因斯坦兩位都對人類社會有大貢獻，但一位「自私自利」，一位「無私利他」，終究都造成「既利己又利他」的效果，這也就引出了一個問題：是先利己再利他好呢？還是先利他而後利己呢？臺灣的學者曾有過爭辯。一九九三年四月十日中華經濟研究院出版的《經濟前瞻》雙月刊中，王京明和張清溪兩位就「利己、利他孰先」爲文做過辯論。

王京明引用老子《道德經》第七章「天長地久。天地所以能長且久，以其不自生，故能長生。是以聖人後其身而身先，外其身而身存。非以其無私邪，故能成其私。」作爲「唯有透過無私（不自生）的看法，到最後才能眞正成就每一個人的私利。」之佐證，並且進一步引伸出「先要求每個人放棄自私自利的心，如此到頭來，反能成就每個人的私。」而爲了永續發展，「無私」還應普及到萬事萬物。我們知道，無私正是利他的最高情懷呢！

張清溪則直接了當地認爲「因『有私』故成其『無私』」，他把世人琅琅上口的「市場失靈」之根源歸爲「無私」。如果眞要解決所謂的市場失靈，把原爲無私的東西，指定給特定個人，使其成爲「有私」（如私有財產）是根本之道。在沒有任何公有物（或無市場）下，擁有者需自負盈虧，會將財產作最有效率使用，使社會總福利達到最大。張清溪推而展之，認爲當代內、世代間、人與其他生物、人與「無生物」之間的關係，也應是對萬事萬物的有私，才能成就當代、世代、人類與周遭環境的無私。當然，若能徹底將人類「洗腦」，洗掉「自私」天性，是可做到對萬事萬物的無私，但那已不是「人的世界」，而且也無所謂「成其私」，因爲根本就沒有「私」嘛！

其實，兩位教授的論點並無差異，都認爲「無私」是好的，只是張教授務實的承認當今世人是「自私」的，且是「天性」，也就是無法改變，但王京明抱持自私是可去除而導向無私的信念。不過，可以確定的是，他們兩位都沒談到自私是否會「損人利己」，或者自利和自私是否相同，甚至於自私自利是否會導致「貪婪」，似乎都站在「不害人」的基點立論。如此，是否「利己利人」或「利人利己」就不必加以討論了呢？

再回到前頭引用的亞當·史密斯那一段話，說的是「自利心」和「愛自己的心」，後人卻有將之解釋爲「自利貪婪」，但史密斯說的是「交換東西或買賣時」，

「對我有利的，對你也有利」，基本上是「利己利人」的概念，和「自私貪婪」這種「利己不利人」或「損人利己」的概念是天差地遠的。而且，史密斯本人絕非自利貪婪者，他把收入悄悄捐給慈善機構，本人生活相當儉樸，開銷除了用來請朋友吃簡單的晚餐外，就是維持他小而美的圖書館，把史密斯的「自利」解釋成「自私貪婪」，是對他最大的歪曲！

四、看不見的手、市場機能

《原富》旨在探討「財富的本質」和「如何創造財富或財富的成因」，亞當·史密斯給的答案是「勞動分工的發展是國家富起來的原因，而市場這隻看不見的手是協調和促進分工的有效手段」。這是邁向理解亞當·史密斯經濟思維的一個關鍵，而了解「看不見的手」更是關鍵中的關鍵。在《原富》裡，「看不見的手」或「無形之手」（an invisible hand）這一個詞只出現過一次（第四卷第二章第九小段），那裡只是它所代表的政經分析原則的一次應用；在《原富》第一卷第一章和第二章，表面上「看不見的手」這個詞雖沒出現，但它所代表的分析原則卻得到較周全的論述。如果不知道此一分析原則，那麼整本《原富》讀起來的趣味便會失去大半。值得一提的是，它也是海耶克經濟哲學的核心，而海耶克中年以後的絕大部分著作，也可以說是用來闡揚該分析原則的。

亞當・史密斯在《原富》的第四卷應用此一分析原則，討論幾個當時流行的經濟政策哲學，其中，第二章〈論國內能生產的貨物從外國輸入的限制〉剖析貿易干預之弊，進而鼓吹自由貿易。他說：「目前以高關稅或禁止輸入等手段，讓某些國內產業享有獨占利益的情形非常普遍。……這些政策雖然鼓勵了特定的產業，但它們既不會增加一般產業活動量，也不見得會引導產業活動往最有利的方向發展。……政府對貿易施以管理，不可能使社會一般的產業活動量，增加到超過社會全體資本所能適應的限度。貿易政策只不過使一部分資本，轉向一個若無該政策干預就不會投入的方向。政策著意引導的投資方向，絕不確定比資本自動會投入的方向，對社會可能更有利。……每個人都不斷努力為自己所能支配的資本尋覓最有利的用途。……而每個社會的收入，一定剛好等於其全部產業每年產出物可以交換到的價值，……。

由於每個人都會盡其所能，運用其資本在國內（即，其熟悉的環境）發展事業，而且也都會竭盡所能地經營，務求其事業產出物有最高的價值；結果等於是，每個人都在自然而然的竭力使社會的年收入達到最高限度。一般來說，私人誠然不是有意要促進公衆的利益，而且也不知道自己促進了多少公衆的利益。……在這裡，就像其他許多場合一樣，他被一隻自己看不見的手所引導，促進了一個自己意圖之外的目的。

私人雖然沒有把這個目的放在心上，但社會全體並不因此而較少獲益。透過追求自己之利益，私人往往比其眞想促進社會公益時，還更有效地促進了社會公益。……個人的資本究竟能應用到哪一種國內產業？應該怎樣運用，才可能獲得最大價值的產出？關於這個問題，每個人在各自熟悉的狀況下，自己做出的判斷，顯然會比任何政治家或立法者所能替他做的判斷，要來得更好。政治家如果企圖指導人們該如何運用他們的資本，則他們不僅不能放心託付給任何單一個人，即使託付給樞密院或元老院，也會有令人不安的權威。這一項權威，如果落入一位大膽荒唐，乃至自以爲有資格行使它的人士手中，那就再危險不過了。」

在前面那段散文式的論述裡，絕大多數的主流新古典經濟學者，似乎只對自利行爲、產品交換價值、和某種社會最大利益之間的特殊聯繫，感到好奇。對於最後幾句關於「資本如何使用，由誰來做判斷最有利」的警語，他們似乎不大感興趣。他們似乎認爲，那只是亞當·史密斯個人在鼓吹自由貿易的立場，所提出的一個特殊見解而已，不是一項普遍的分析基礎。他們或者認爲，亞當·史密斯的警告只適用於政治權威，而不適用於所謂社會科學家所代表的知識權威（也許是因爲後者被認爲比較客觀公正又比較有學問）。若非如此，對新古典經濟學相當感冒（但又未能完全捨棄新古典思維）的寇斯也許就不會被誤導，乃至覺得「《原富》的主要命題是，經濟體系沒有政府管理或中央統一計畫，也可以有秩序地運行。價格系統（這隻『看不見的手』）能協調經濟活動，而且還能產生對整個經濟有利的結果。經濟學界在《原富》出版後的一個主要工作，……便是將亞當·史密斯的這個命題形式邏輯化。」

其實，這是理性迷對亞當·史密斯的一個曲解。《原富》裡，沒有「經濟體系沒有政府管理或中央統一計畫，也可以有秩序地運行」這個命題。政府管理或中央統一計畫，無法取代自發形成市場秩序的那些成規與常例。要了解這一點，必須先對「看不見的手」有較深入的領悟。

亞當·史密斯的用語「看不見的手」，本來不單指價格系統而言。它是社會現象的一個分析通則（a general approach to the study of society）。現代大多數的經濟學者只知道亞當·史密斯因著有《原富》一書，而被奉爲偉大的經濟學家，進而成爲「經濟學始祖」，卻不知道他也是十八世紀英國一位極重要的倫理學家（moral philosopher）和法理學家（jurist）。他的第一本名著是《道德情感論》，他畢生的志業，原本是想以此《道德情感論》爲基礎，完成一本也許會被稱做「自然法理學」（Natural Jurisprudence）的著作。《原富》的部分草稿，原本是他未完成的法理學著作的一部分。換言之，他的經濟學，是他倫理哲學思想的一個引申。這個哲學思想的主要旨趣是，「把社會的起源史，追溯到若干最簡單而普遍的構成原理；把幾乎所有過去被認爲是人爲刻意制定的各種制度歸結成爲，是因人們的行爲依循若干淺顯的原則，而必然且自然而然導致的結果；它並指出，最複雜且表面上看起來是人爲造作的種種政策設計，其實也許不需要花費多少謀略巧思或政治智慧。」

我們如果把前述的評語，拿來和《原富》第一卷第二章〈論促成分工的原則〉（Of the Principle which gives Occasion to the Division of Labour）開頭的幾句話對照，應該很容易看出兩者完全契合。在那裡，亞當．史密斯說：「產生上述許多利益的分工型態，原非任何人類智慧的結果，亦即，不是有哪一個人預見並且著意追求它所產生的富裕，而才從事分工的。雖然它的發展過程是非常緩慢漸進的，但它的發展卻是必然的；分工，是人類相互以物易物的行爲性向發展的必然結果；人類雖然有這種性向，但沒有料到分工會有如此廣泛的功效。」相對於人爲刻意造作的東西之具有「明顯的主觀意圖」，像分工這種「意想之外的」社會（或互動）行爲秩序，可以說，是人類宛如被一隻「看不見的手」引導所促成的。亞當．史密斯創造著名的「看不見的手」一詞，確實是用來表達「勢所必至」（necessary）和「非主觀意願所能左右」

（independent of subjective wishes）的情況發展。海耶克將意想之外的行爲秩序稱作「自發的秩序」（spontaneous order），它是人們事實上（亦即，不是掛在嘴巴上）依循了某些抽象且普遍的行爲原則（abstract and universal rules of conduct），而於無意間造成的結果（result of human action but not of human design）。

如上所述，「看不見的手」是一個社會分析的原理，它的適用對象是自發的行爲秩序。亞當·史密斯應用此一原理研究市場和分工對象，所獲致的偉大科學成就，就在於看出，在不斷延遠擴大的（ever extending and expanding）經濟活動秩序形成過程中，產品交換價格的重要意義。利用產品交換價格所提示的抽象訊息，人們最能夠突破個別知見範圍狹隘的限制，進而能夠爲許多知見範圍外的人類提供有用的服務，滿足他們生活需要，也同時利用他們的技能，增進自己的福祉。

我們必須注意，產品交換價格在此被稱爲抽象的訊息，有兩個用意。第一，交換價格不是產品本身具有的物理性質，物性不同的產品也許有相同的交換價格；第二，在許許多多人之間流行的交換價格，是他們個別的需求與能力的一項綜合指標；這個指數不變，並不表示他們個別的需求與能力也不變，亦即，知道這個指標，絕不表示知道其背後的具體需求與能力分布。和個人只限於對親眼看見或親耳聽到的需求與能力做出回應的原始部落謀生方式相比，依循大商業中心憑以致富的那些文明成規與常例，事實上，可以使每個人更有益於他人。當然，那些商業文明的成規與常例也大多是「因人們的行爲依循了若干淺顯的原則，而必然且自然而然導致的結果」，即使是「最複雜且表面上看起來是人爲造作的種種政治策略設計，其實也許不需要花費多少謀略巧思或政治智慧」。政府管理或中央統一計畫，無法取代這些成規與常例，以及人們依循它們互動所產生的價格訊息，因爲人們依循如此產生的價格訊息一再自我調適，而自發形成的整個經濟活動秩序，所涵蓋的變數之多，其間關係之複雜，絕對不是任何人類智慧和知識能力足以考察周全的。

在市場自發秩序裡，人們需要價格的指引，因爲每個人所能掌握的具體供需資料是非常有限的。具體資料，不管是自然資源、人力資源、或個人偏好方面的資料，無法全盤掌握，不僅是在市場經濟秩序中謀生之衆人，永遠無法擺脫的事實，同樣也是研究該種秩序的學者絕對無法超越的限制。新古典經濟學和亞當．史密斯（以及海耶克）經濟思維的分水嶺就在於，前者逾越了人智的分際，僭擬了超人的能力，乃至把假設的知識當作眞知。所謂的「資源配置問題」就是一個顯著的例證。「在給定生產力和資源稀缺性條件下，研究各種產品的相對（交換）比例如何在市場上決定」如此這般的研究取向，把原本是因果關係的經濟理論問題扭曲成數理邏輯問題，而對於此一微妙的扭曲，不夠敏感的大多數所謂實證經濟學者，則陷入了一個更大的思想矛盾而不自知。

這個矛盾就是，經濟學者一方面似乎相信「經濟體系沒有政府管理或中央統一計畫，也可以有秩序地運行；價格系統（這隻「看不見的手」）能協調經濟活動，而且還能產生對整個經濟有利的結果」，亦即，似乎相信「看不見的手」。但另一方面，他的所作所爲卻又清楚地透露，自己企圖算出協調經濟活動的市場價格，好取代那隻「看不見的手」，亦即，他只在嘴巴上相信「看不見的手」。

作爲主流的新古典經濟學和當代經濟學家，都忽視或不了解亞當・史密斯所指涉的「人」，他是活生生、有血有肉有靈魂有主觀價值判斷的「行爲人」，無法「標準化」，奧國學派學者就抓準了這點。研究奧國學派理論的已故自由經濟前輩夏道平先生就此作了清楚的詮釋，他在一九八九年三月爲我的《經濟學的天空——一位經濟學徒的管窺面》這本書裡所寫的序言〈經濟學家的思路〉中就這樣寫著：

「1.經濟學是人的行爲學之一部分，我想這該是大家都承認的一句話。但是，問題的發生，是在這句話的那個『人』字的正確概念，沒有被所有唸經濟學的人時時刻刻緊緊把握住。經濟學家所必須了解的『人』，與生物學家或動物學家心目中的『人』不一樣。經濟學家雖也知道『人』具有一般動物的慾望、衝動和本能的反應，但更重要的是，『人』還具有異於禽獸的意志、理念和邏輯思考。這是人之所以爲人的一大特徵。

2.人的慾望是會自我繁殖、不斷增多的，而其滿足卻要受到外在種種限制。於是在要求滿足的過程中，他不得不有所選擇。選擇，是出於不得已；選擇什麼，則又力求自由。這就是說：人，並非生而自由的，但具有爭取自由的本性。

3.由於人性中有上述的特徵，所以在漫長的演進過程中，漸漸學習了爭取個人自由的適當方法。這個方法是要不妨害別人也能爭取，否則終會妨害到自己的自由。這個認知，截至現在，雖還不是人人都有，更不是人人所認知的深度都一樣，但可確信的，只有『人』才會在個別自覺的互動中，形成了分工合作而日益擴大的社會，不同於出自本能的蜂蟻社會。

4.人類社會的形成與擴大，是由於人的自覺行爲之互動。『互動』之『互』字顯示出主詞的『人』是指多數，而且多到說不出他們是誰，絕不是少許幾個人，更不是像孟軻所稱爲『獨夫』那樣的一個人。其互動也是在其獨特的環境，各憑其獨特的零碎知識而行爲，而互動絕不是靠一個人或少數人的設計、規劃、指揮或命令而組織成的所謂『團隊』行爲。

5.非團隊行爲的行爲，不正是有些人所說的無政府的混亂狀態嗎？事實上完全相反。因爲團隊的行爲是受制於這個團隊主宰者個人的知識，即令他有所謂的『智囊團』的幫助，也只是有限的少數人。至於分散在社會上無數個人的知識，個別地看來是零碎的、瑣屑的，乃至微不足道的，當然不能與任何專家系統知識同年而語。但是那些散在社會的知識之總合，卻不是任何一個人或一個集團的知識所能攝取其萬一的。即令在將來更高科技時代的電腦也不能納入那些知識的總合。此所以非團隊行爲的行爲不僅未造成混亂，反而是分工合作的社會所賴以達成、所賴以擴大的基礎。用亞當·史密斯的話講，這是『無形之手』的作用；用海耶克的話講，是『長成的社會秩序』。

6.重視『無形之手』，並不意含排斥『有形之手』；尊重『長成的社會秩序』，並不意含排斥『法制的社會秩序』。我們用『重視』、『尊重』這樣的字眼，是要強調『有形之手』不應牽制或阻礙『無形之手』的運作，只能爲其去礙，使其運作順暢無阻；是要強調法制的社會秩序不應干擾或攪亂長成的社會秩序，只要提供一個有利於後者得以保持活力而無僵化之虞的架構。

7.如果我們把上述5、6兩點引用到經濟領域來講，那就是自由市場與政府之間的關係問題。自由市場就是第5點所謂長成社會秩序的一部分。政府就是第6點所講的法制的社會秩序之建立者。政府與市場之間的關係，必須像第6點所講的那樣，前者對於後者的運作，只可維護或給予便利，不得有所干擾或阻撓。」

夏先生認為有這樣的基本認識，才算是走向經濟學家的正路，才能有望成為「眞正的經濟學家」，當今的所謂經濟學家，絕大多數是「經濟工程師」，甚至還有「特定經濟利益發言人」。夏先生又說：

「經濟工程師是怎樣的人？他們是在幹什麼呢？工程師而冠以『經濟』二字，顧名思義，我們就想像到：他的專業是在把公共經濟事務的處理當作一項工程來做。他無視於，至少是輕視了公共經濟事務是千千萬萬的行為人，行行種種的主觀意志表象。各個人的主觀意志，畢竟不同於既定的、客觀的存在，而可以規格化的物料。工程師的專業是在利用工程學的知識，就這樣的一些物料預先作成一個模型（或出自自己的創意，或遵照業主的願望），然後按這個模型來建造一座壯觀的廟堂，或一套精密的機器，或一條高速公路。由於所建造的東西不同，而有建築工程師、機械工程師、土木工程師這些不同的稱謂，稱謂儘管不同，他們同樣地都是利用一些無生命、無意志的物料，製作他們預先設計好的東西。至於被冠以『經濟』二字的經濟工程師，則是搬弄一些經濟學名詞，而以工程師的心態、工程師的技巧，來處理活生生的人的行爲所形成的公共經濟事務。」

至於「特定經濟利益發言人」，夏先生說：

「『特定經濟利益發言人』這一頭銜，其本身已經足夠顯明，用不著再多加解說。但我們也應知道：這類人物雖然大多是受僱於別人或某一集團而爲那人或那一集團的經濟利益辯護，但也有不是代表別人，而其所爭取的正是直接屬於他們自己的利益。如果這類人赤裸裸地講出他們所爭取的是什麼，那當然是光明磊落，無可非議，但是，他們卻每每把內心的眞正企圖僞裝在富國利民的宏論中，藉以在輿論界造勢！」

夏先生於是感慨說：

「長久以來，在經濟問題的輿論中，一向摻雜著各類人物的手筆，而為一般人所不知辨別。這不僅臺灣如此，別國亦然。但在現階段的臺灣，因面臨政治、經濟、社會的劇速轉型而引發的經濟問題特別多，也顯得特別嚴重，於是見諸報刊的經濟言論，也就叫人目不暇給，其中出自上述第二和第三類人物的也更多，出自第一類的很稀少，即令有，也難得掀起純潔的熱情討論，以至無助於輿論的健全。

輿論界既是在這種情形下造成聲勢，反映到政府的決策將會怎樣也就可想而知了。舉一兩個例子來講，過去受政府決策保護的所謂『策略性工業』，到了高喊經濟自由化的今天，只是換了一個名稱，叫做『明星工業』。這不是經濟工程師的心態還在作祟嗎？至於財經金融措施之受特定經濟利益發言人之影響，更顯見於去年（一九八八）股市風波的時候。目前，通貨膨脹已開始成為輿論界的熱門話題，在此議論紛紜中，我們所看到的，大多是些揚湯止沸的主意，很少人回想到多年前經濟學家的事先警告而在作釜底抽薪的考慮。這又顯出經濟學家的意見之如何不受重視，因而其聲音之趨於消沉。」

夏先生說的第二類人物就是「經濟工程師」，第三類人物就是「特定經濟利益發言人」。而他在一九八九年所說的那些產業政策和財經金融措施，到二十一世紀的今天，不但沒有停止或減少，反而更加浮濫。「有形之手」干預力道更強大，範圍更寬廣，「無形之手、看不見的手」或市場機能被壓抑、被取代，甚至於被抹黑！亞當・史密斯早被拋到九霄雲外去了，而《原富》的確已是「大家都知道都聽過，但沒人看過」的「經典」鉅著矣！

五、國民財富、分工、經濟學

亞當．史密斯是「經濟學之父」，《原富》是最早的經濟學教本，但當代經濟學是否遵循《原富》？首先，必須問：「什麼是經濟學？」

「什麼是經濟學？各種教科書有不同的定義。最常見的定義是，經濟學是研究有限資源在不同用途上的運用（的學問）。這個定義其實與古典經濟學的思路並不同。此定義是新古典經濟學的標準定義，關心的重心是所謂資源配置問題。所謂資源配置問題，是在給定生產力和資源稀缺性條件下，研究各種產品的相對（交換）比例如何在市場上決定，以亞當．史密斯爲代表的古典經濟學家關心的重點卻不是資源配置問題。他們關心資源稀缺程度如何可以被人類的經濟活動所減少，或國民如何得以富起來。其實當代中國人更關心古典經濟學家注重的『國富』（國民的財富）問題。」這是二〇〇四年七月七日去世的華裔經濟學者楊小凱（一九四八—二〇〇四）教授，在一九九八年出版的《經濟學原理》這本教科書開頭的一段文字。楊教授親身經歷文化大革命的折磨，後來負笈美國，以優異成績畢業於普林斯頓大學；在中國經濟體制轉變的時刻，他之所以本能的關切「國民或國家如何得以富起來」，是很容易理解的。

但，如果要說明亞當·史密斯和新古典經濟學在思路上究竟有什麼不同，則楊教授要讀者注意「資源是（天命）給定的？抑是（人事）可變的？」這種區分對照，也許只有誤導的作用。事實上，楊教授本人，和當代許多經濟學者一樣，受限於「經濟學是一門選擇科學」的迷思，甚至也還沒有抓住亞當·史密斯政經思維的主要旨趣。他把亞當·史密斯所討論的分工發展問題，解讀成是一個權衡折衷的問題。他說，「『兩難的矛盾』有兩類，一是給定資源稀缺程度（或生產力），各種產品之間的生產有兩難衝突，多生產食物，就要少生產衣服，多生產衣服，就要少生產食物。另一種兩難矛盾中，資源稀缺程度不是固定的。比如勞動分工可以提高生產力，因而減少稀缺程度，但卻可能會增加交易費用（成本）。前一類兩難的矛盾是新古典經濟學研究的重點，即資源配置問題。而後一類兩難矛盾是古典經濟學研究的重點。但兩類兩難矛盾都需要人們作出權衡折衷，以選擇最佳的折衷點，這就是經濟學研究的決策問題。」這和亞當·史密斯的政經分析思路大不相同。

在《原富》裡，亞當．史密斯雖然也費心討論政策，但他所研究的問題主要是，知見極為狹隘的芸芸衆生，怎麼竟然能夠對他們自己既看不見也沒想到的（當然更不用說權衡的）所謂「公衆利益」，做出正面的貢獻。此處亞當．史密斯所謂的「公衆利益」，其實是某種人類意想之外的人際互動行為秩序。這顯然不是關於什麼人的決策（或選擇）的問題。實然的科學問題不可能是決策或選擇問題，只有在僭擬了某種超人能力的經濟學者眼裡，實然的科學問題才會被等同於應然的決策（或選擇）問題。

楊教授注意到，對於「國家如何得以富起來」，亞當．史密斯所給的答案是，「勞動分工的發展是國家富起來的原因，而市場這隻看不見的手是協調和促進分工的有效手段」。這是邁向理解亞當．史密斯經濟思維的一個關鍵。可惜，楊教授似乎和當代許多經濟學者一樣，未能眞正了解「看不見的手」（an invisible hand）一詞只出現過一次（卷四第二章第九小段），而那裡只是它所代表的政經分析原則的一次應用；《原富》第一卷第一章和第二章，表面上它雖然沒有出現，但它所代表的分析原則卻得到較為周全的論述。如果不知道此一分析原則，那麼整本《原富》讀起來的趣味便會失去大半。値得一提的是，它也是海耶克經濟哲學的核心，而海耶克中年以後的絕大部分著作，可以說是用來闡揚該分析原則的。

雖然楊教授沒能參透「看不見的手」是協調和促進分工的有效手段，但他對「分工」的研究卻開拓另一片天，在介紹楊教授在經濟學術領域的開疆闢土之前，有必要先認識楊教授。

在一九六八年中國文化大革命之際，就讀湖南省長沙市一中高一的楊小凱，二十歲正值血氣方剛，寫了一篇名爲〈中國向何處去〉的大字報，批評中國政體的不民主，被當時的湖南領導華國鋒舉報，中共「頭號理論家」康生與毛澤東、周恩來點名批判，責以「思想反動」罪名。於是湖南當局以「反革命罪」判其十年徒刑，先後在長沙市看守所、湖南省模範監獄和岳陽縣建新勞改農場坐牢（關牛欄）。牢中受苦想當然是不堪回首的，倒是當時在牢中尙有甚多高級知識份子被關在內，年輕的楊小凱拜這些人爲師勤學苦讀，尤其對數學和英文有重大成效，是他受苦之餘的一大收穫。

一九九四年十一月二十五日到一九九五年二月二十五日，楊小凱應當時臺大經濟學系主任張清溪教授之邀，到臺大擔任國科會特案研究員。張教授回憶說，楊小凱在聊天時告訴在場人士，他現在做的經濟理論大方向，就是在牛欄裡想出來的。當年被關在牛欄裡的人形形色色，有地下反對黨首領、有從事當局不允許的自由經濟活動的民間企業家，有強盜、小偷、不同背景不同政見的政治犯、牧師、作家、教授，還有國民黨時代的官員。楊小凱從這些人身上看到、聽到、感受到許多故事、理想、冤屈、知識，以及社會、政治現象。他暗自盤算：「不管將來發生什麼事，我一定不能讓這片土地上發生的種種動人心魄的故事消失在黑暗中，我要把我親眼見到的一段黑暗歷史告訴世人，因爲我的靈魂永遠與這些被囚禁的精靈在一起。」後來楊小凱眞的靠其驚人的記憶，寫成《牛鬼蛇神錄——文革囚禁中的精靈》一書。該書被《中國之春》主編胡平稱爲「描寫共產黨監獄生活的傑作」。

經過這段修練經歷之後，楊小凱居然完成了高中和大學學業。一九七八年刑滿出獄，由於當年陷害他的華國鋒已成爲「英明領袖」而不能立刻平反，他以原名楊曦光找不到事做才改用乳名楊小凱。由於楊小凱對經濟理論用心鑽研，發表許多論文而受學界矚目，一九八二年受聘爲武漢大學經濟管理系助教。當時美國興起一股吸收中國傑出學子的風潮，擔任該項選才任務的鄒至莊（一九二九－）院士發現楊小凱，乃推薦其至美國普林斯頓大學攻讀博士。當時還曾因所謂的「反革命問題」沒平反，出國受到阻撓，最後才好不容易成行，但也連累了同情他、幫助他出國的武漢大學校長被撤職。

在順利取得普林斯頓大學博士之前，楊小凱曾於一九八七到一九八八年在耶魯大學的經濟成長中心做一年研究員。畢業後隨即赴澳洲莫納石大學（Monash University）任經濟系講師，一年不到即升爲高級講師，一九九二年又升上教授，其升遷速度在澳洲史上甚爲少見，這也足以顯示楊小凱的研究成果確有過人之處。他也曾擔任世界銀行顧問。

楊小凱不僅著作多，品質更爲傲人，其所獲的榮譽也極多，不過，楊小凱念茲在茲的，還是「中國要往何處去」。他在被關的十年中想到很多經濟問題，而在普林斯頓大學要寫博士論文時，拿出當年的筆記，發現絕大部分他的「問題」，人家早就解決了，但有一個很基本的問題——分工，卻一直未被深入研究，這就成爲他博士論文的主題。不過，因爲這個問題太基本了，指導教授認爲這麼根本的問題哪還有什麼好研究的？後來每次他上台報告論文進度時，台下的教授就分成兩派，贊成他的與反對他的，吵成一堆，沒有他插口的機會。一般經濟的選擇問題是「多或少」（生產多少），而分工則是「有或無」（生產這個，不生產那個），因此通常所謂的「邊際分析法」就不適用，於是楊小凱創建了「超邊際經濟學」（Inframarginal Economics）。二〇〇三年莫納石大學成立「遞增報酬和經濟組織研究中心」，楊小凱是中心主任。他在一九九八年出版的《經濟學原理》教科書，就是以此概念爲基礎，他自認該書是自馬夏爾（Alfred Marshall, 1842-1924）以來的第三代教科書。

在楊小凱著作中，最被人稱譽，也是楊小凱自認最有創見的，是一九九三年與黃有光教授合著的《專業化與經濟組織——一個新興古典個體經濟學架構》（*Specialization and Economic Organization—a New Classical Microeconomic Framework*），楊小凱自己也最常引用該書的觀點。該書提出一種把古典經濟中關於勞動、專業化以及經濟組織的理論，用一個數學結構組織起來的新分析法。楊小凱也以該理論來解析社會主義經濟制度，並比較中共和蘇聯體制的差異。他指出，由於經濟發展過程是由勞動分工演進過程決定，而市場大小、組織複雜性以及貿易依存度都由分工程度決定，在人類沒這些知識時，私產和市場制度是用來試驗不同的分工組織而得到這些知識的有效方法，但社會主義制度和政府都不能創造它們。不過，當資本主義制度創造了發達的分工組織後，落後國家的政府卻可無償得到這種組織的資訊，社會主義制度的實質就是用計畫經濟模仿資本主義的組織，但卻用強盜法將創造這些組織的私有財產剝奪，並廢除公平的市場。

楊小凱對理論和現實問題間的關係有其獨特看法，提醒自己在提供實用性服務時，一定要對理論的侷限性有清醒的了解。他自己作學問時總強調數學模型和概念的嚴謹，不喜歡空泛的「思想、觀點」，但分析實際經濟問題時，卻更信任自己的直覺，而不信任那些簡化得不現實的數學模型。這一位對科學方法有嗜好，曾對那些非數學的思想不重視的楊小凱，在讀了不用數學模型的已故一九七四年諾貝爾經濟學獎得主之一海耶克的著作後，竟有強烈的「相見恨晚，非常欣賞」的感覺，更企圖用數學來證明海耶克的思想。

值得一提的是，楊小凱這一篇名為〈我所了解的海耶克思想〉短文是一九九五年十月發表在我主編的《經濟前瞻》。當我看到此文，感到驚訝與困惑，因為海耶克根本不相信人的思想可用數學模式表達，而楊小凱在文中也表示他覺得海耶克的非數學的經濟思想，比現有最好的經濟數學模型深刻得多。雖然楊小凱也在該文中指出，現在用數學模型最純熟的一批經濟學家，在其眼中是思想相當淺薄的一批人，於是他想扭轉此一頹勢。上文提過的他與黃有光合著一書的第十五章，楊小凱就認為是成功之作。儘管如此，我還是認為多此一舉，畢竟這種作法正好與海耶克的原意相違，真不知楊小凱如何化解這個幾乎是「難解」的矛盾？

由於該疑問一直存在心中，當二〇〇一年初，楊小凱篩選出其經濟散文，以《楊小凱經濟學文集》爲書名欲在臺灣出版時，我自告奮勇向出版社毛遂自薦作序。在徵得楊小凱同意之後，努力讀完該書全部文章，我的本意就在於由這些篇章解答我的疑問，但仍無法讓我信服。不過，我卻能體會楊小凱爲了在全球學術社群占有一席之地，甚至於成爲引領者的苦心。經過數年的辛勤努力，楊小凱的確已有相當成就，已在全球具崇高學術地位，並逐漸吸納華人青年才俊形成堅強的學術社群。其實，楊小凱不只在學術圈大放光芒，在世俗政治或政策上也具有不可忽視的影響力。

在全球學術圈大放光芒

我們知道，中國經濟在改革開放、放權讓利、向自由經濟傾斜二十多年之後，在物質生活上就已有很大的進步，但也同時顯現出極大的瓶頸，二十一世紀初，關於「後發優勢」和「後發劣勢」的辯論就是對此瓶頸的討論，簡單的說，也就是自由民主體制能否盡早建立和落實的課題。在這方面，楊小凱有著深入的觀察，特別是他出生在中國，對「中國向何處去」這個深切大課題早就關心並逐漸累積豐碩成果。由於楊小凱不是以「私利」作爲出發點，在經過十年牢獄的體驗，並且浸淫西方學理和分析工具，以及由歷史的經驗尋求妥適的解決之道，我們已經可以說，經過數十年的鑽研及觀察比較之後，楊小凱已經到了爐火純青的收割時刻，正待揚帆展現他對未來中國體制轉變的能耐。

這由二〇〇三年九月楊小凱接受《大紀元時報》記者肖靜專訪，分上、中、下刊於一二八—一三〇期的訪談內容可見端倪。當時中共的十六大允許資本家入黨，楊小凱明指是將「官商勾結制度化」，他認爲不實行憲政改革，只學技術而不學習「好資本主義」的制度，中國的經濟只能是後發劣勢，而共產黨的政治資源正越來越少，不實行政黨輪替和黨內民主，將會連體面下台的機會都失去。楊小凱舉史實來說明：爲什麼工業革命在英國，而非西班牙發生？

十六、七世紀的大西洋貿易是一個國家富裕的基本動力，凡是沒有大西洋貿易的義大利、東歐的一些城市發展都很慢，而跟大西洋貿易有關係的西歐城市都發展得很快。當時的西班牙在大西洋貿易的條件比英國好多了，爲何沒發展起來？主因就是只有大西洋貿易的壟斷還是不行的，英國除了有此條件外，在一六八八年有個光榮革命，之後把王室對大西洋的壟斷打破了，西班牙卻一直都由王室壟斷，此亦即當今社會的國營事業。由於英國的大西洋貿易好處大部分歸於民間，就是一些小私人公司，有的原先是地主，看見有錢賺就投資大西洋貿易。這些人跟王室沒啥關係，當憲政改革後，他們發了財繳稅後，可在議會具政治影響力，這個發展過程出現了很多制度創新，包括王室的財產和國家銀行分開，執政黨不准從事營利性事業，成立企業不要批准，自動註冊，廢除對高利貸的限制。

楊小凱指出，廢除對高利貸的限制以後，就沒有高利貸，限制高利貸，它就有高利貸。他認爲中國溫州有很多高利貸錢莊，就是因爲中共限制私人搞銀行。而英國的經驗就是你把限制一丟掉，就沒有高利貸了。這些制度創新都是因爲一六八八年的光榮革命把它的專制制度改成了憲政制度。楊小凱進一步指出，二十一世紀初中國的問題正好在這裡。中國的三十幾個行業不准私人經營，包括銀行、保險、汽車製造、電信、賺錢的外貿等，不但不准私人經營，它還有嚴格的許可證制度。國營企業沒有許可證也不准經營外貿，由外貿部等少數機關壟斷了太平洋貿易。所以它走的這條路就像當年西班牙走的這條路，那它就很難眞正發展起來，制度創新也就很難。

中國顯露出「後發劣勢」

楊小凱對中國內部都在講的「中國有後發優勢」深不以爲然，他舉一個叫做沃森的已過世經濟學家所提「後發國家有後發劣勢」的觀念。畢竟後發國家可以模仿先進國家，少走彎路，但是你可以模仿制度，也可以模仿技術。日本當年走的就是模仿制度，政黨自由、專利制度，它都模仿，這樣會有後發優勢。但中國就是模仿技術、模仿工業化模式，不模仿制度，就會形成後發劣勢。因爲光模仿技術，短期內發展時效很好，但不模仿制度，就等於你造了許多汽車，而沒有建高速公路一樣。制度就像高速公路，沒有高速公路，到一定程度，汽車就走不動了，結果前功盡棄，可能一下子就垮下來。楊小凱以蘇聯爲例指出，蘇聯三〇年代、五〇年代的增長率比現在的中國還高，西方搞的大量生產，生產流水線，標準化，什麼泰勒科學管理（在蘇聯稱爲定額管理），它都學，僱了很多美國的專家，但是制度不學。制度還是公有制、計畫經濟。它用一種非常落後的制度去模仿非常先進的國家，那增長率很高啊！你去看它三〇年代，百分之十幾的的增長率，中國現在頂多就是百分之八，蘇聯是百分之十幾，長期平均百分之九。那又怎麼樣，說垮就垮，它一下子就垮下來了。

楊小凱繼續說，中國二十一世紀的工業化模式比當年蘇聯更厲害，它模仿香港、臺灣，叫勞力密集出口導向工業化模式，但它制度不模仿的話，有可能這個技術模仿的潛力耗盡以後，就像蘇聯一樣垮下來。中國在二十一世紀初的出口強項是電視機，全世界到處都是中國做的電視機，這是一個後發劣勢的例子，它基本上是進口電視機生產線，就是模仿技術，但是這些工廠都是國營工廠。它制度上是不模仿的，利用這個，再加上出口導向，想要趕超、跨越。楊小凱認爲，長期來說，這種策略是會失敗的，就像蘇聯，技術模仿的潛力耗盡後，制度的弊病就會暴露，所以這叫作「後發劣勢」。後發劣勢中國人不想聽，他們一天到晚講後發優勢。中國在十六大後，又把大門敞開，官商勾結，錢操縱權，用權來賺錢，這個實在很糟糕，也是中國主要的大問題。

我之所以說楊小凱已到具影響力的時候，除了上提對中國發展觀察的深刻外，可由他「被公認是華人諾貝爾經濟學獎最有希望的人選」見端倪。獲得諾貝爾獎桂冠，不但是學術圈裡最高榮譽，是學術地位的肯定，而且在俗世裡也最被尊崇，得獎後的一言一行都具高度影響力，甚至於邀請他們參與國家政策的擬訂。一九七六年諾貝爾經濟學獎得主弗利曼（Milton Friedman, 1912-2006）就是一個很好的例子，他頂著諾貝爾獎的光環遊走各國，特別對極權國家政府的實施自由經濟政策有所影響，智利皮諾契特（Pinochet, 1915-2006）軍政府的實施經改就是一顯例。

天妒英才，中國不幸

以楊小凱現有的學術成就，早已獲得一九七二年諾獎得主艾羅（K. J. Arrow, 1921-）、一九八六年得主布坎南教授（James. M. Buchanan, 1919-2013）的極力讚揚，被推薦並獲頒諾貝爾經濟學獎應是早晚的事。一旦獲獎，聲名大噪之後，發言份量頓時加了好幾倍，北京政權也應會向其請益，楊小凱的建言也就會產生莫大影響力，對於中國免於走入「後發劣勢」泥沼，以及早日邁入自由民主、眞正脫離共產體制，都會有意想不到的催化力。

我之所以對楊小凱會有這樣的信心及期望，最主要的因素就是上文提過的他對海耶克學理的高度肯定和推崇。高舉自由火炬的海耶克，一生對抗並拆穿社會主義、共產主義假面具，他的《到奴役之路》（*The Road to Serfdom*）這本小書被認爲是自由世界能免於共產主義荼毒的大功臣。得到海耶克思想精髓的楊小凱，當會把握機會推展海耶克思想，而中國走向眞正的自由民主大道也指日可待，將「中國的民族主義」掃除也非難事。奈何楊小凱英年早逝（五十五歲而已），我的這個期待也就落空了，這難道不是中國人民的不幸，也是人類的一大憾事嗎？

回過頭來看史密斯在《原富》中對促進國民財富的方式，勞動數量和勞動分工是兩項關鍵因素。用現代經濟發展和經濟成長在追求「國內生產毛額」（GDP）這個狹義的國民財富來說，可用一個簡單的數學式子來表示：假設Y爲GDP，L爲勞動力，則$Y=Y/L \cdot L$，Y/L爲平均勞動生產力，即每單位勞動能有多少的產出（財富）貢獻，而分工和勞動品質就是勞動生產力提升的要因。文明社會有許多人不勞動，但全部勞動的生產豐富，上下各階級的每人供應也豐富；相反在未開發社會，人人都勞動，但大家都貧困。《原富》第一卷乃以勞動生產力改進的諸原因及勞動生產物分配於社會各階層的自然秩序爲研究主題。

再回頭探究「經濟學是什麼？」根據一九八六年諾貝爾經濟學獎得主布坎南的轉述，芝加哥學派大將范納（Jacob Viner, 1892-1970）曾說「經濟學就是經濟學家做的事（寫的文章）」（Economics is what economists do.），而芝加哥學派掌門人奈特（Frank Knight, 1885-1972）聽了之後，開玩笑地加了一句「經濟學家則是那些以經濟學爲業者」（Economists are those who do economics.）。范納和奈特之所以有機可乘地開玩笑，也許是因爲「經濟學是什麼？」這樣的問法有很大的漏洞。如果問的是「經濟學是什麼知識？」，則得到的答案也許會正經些。

且讓我們試著問：經濟學是什麼知識？或者問：經濟學者的種種論述，想回答或回答了什麼性質的問題？我們之所以這樣問，是因爲經濟學是什麼，端看學者認爲經濟問題是什麼而定。那麼，主流經濟學者認爲經濟問題是什麼呢？毫無疑問地，最著名的回答出自於英國經濟學者羅賓斯（Lionel Robins, 1898-1984）。他說：經濟學是研究人的行爲的科學，而所謂的人的行爲，則是指多樣目的和具有多種替代用途的稀少資源之間的某種關係。這個定義很清楚地突顯出了個別（或總合）資源的稀少性與替代性，以及各種目的之不可兼得性。對照史密斯的《原富》，似乎是狹窄了許多。

六、分配問題：工資、利潤、地租

亞當．史密斯的《原富》旨在探索國民財富的起源，以現代的話來說是經濟成長、經濟發展的課題，而不可見的手、市場機能又是重要特色，很容易被誤解沒有涉及分配問題。其實，史密斯在《原富》第一卷開頭就討論此課題，因爲人類社會自從脫離早期僅足維生的經濟，開始進入較爲富有的階段時，就發生了對於這些富裕的果實如何分配的問題。在此之前，僅處於「一個資本累積與土地私有都沒有發生的早期的野蠻社會中。」在該社會，由於所有生產都是純粹從勞動而來，全部產物自然全歸勞動者。後來人類懂得「分工可使生產增加」的道理，自然就希望聚集所有個人的能力和資財以擴增分工領域，因而擴大生產果實，這些生產果實自不能歸由任何一人獨有，而需由所有參與者分享。

那麼，個人又該分得多少呢？這就產生了重要的分配問題。很明顯的，直接參與工作的勞動者需獲得維生的工資；對於提供資本以促進生產的企業主也要得到利潤以做爲他們冒險參與的報酬。同樣地，一旦國家的土地都成爲私產後，地主也像所有其他的人一樣都想不勞而獲，甚至對於他們從未耕植的土地所有自然產生的貨物也要求「地租」。因此，在資本累積和土地私有之後，各種物品的價格必須由對勞動者的工資、對企業主的利潤和對土地所付的地租三者所組成。就這樣，整個社會的全部產物也就分成三部分，且由此三部分人分得。那麼，這三種所得又該如何決定？

先就工資來看，其多寡取決於兩個因素，一是可用勞動數量，二是可用來支付工資的資金多寡。此資金有兩種來源：一爲超過一般用來維生必需的收入，另一爲超過雇主勞動報酬所剩下的資財。

史密斯認爲，在長期間工資有一最低必須支付的數額，這就是維持工人最低生活所需的數量，不然工人就無法生存了，此一工資可稱爲「維生工資」（subsistence wage）。維生工資之所以重要，因其已成爲勞動的長期供給價格，只要支付此一價格，勞動就會長期供給。所以，維生工資可說是一種自然的或均衡的工資率。

史密斯提出三種情況來說明工資如何以這個均衡率爲中心而變動。首先是對於勞動供需如果在長期是處於均衡狀態，則當時的工人必定都收到維生工資，在此情況下，人口自然沒有增加或減少的趨勢，只要工資基金的數量不變，此情形都會維持下去。這是經濟處於停滯狀態下的情形，史密斯就以當時中國的情形爲例證加以說明。

其次，史密斯再研究一年或數年對勞動需求持續減少的情形。在此情況下，實際工資必定低於維生工資。結果是人口減少，少到可以支付維生工資水準爲止。這就是經濟處於落後狀態時的情形。史密斯舉當時班格爾（Bangel）和印度某些殖民地區爲例說明之。這些地區工資基金的減少致出現「貧乏、飢餓與死亡」，直到「居民數量減少到所剩下的收入與資財足以供養時爲止。」

第三種是經濟進步地區的情況，這些地區的工資基金都在增加，其實際工資都高於維生工資，此種情況至少可維持到其保有的工資基金足以應付人口增加之需要爲止。同時，史密斯認爲工資基金的增加是生活水準提高後必定會發生的，他也指出經濟進步地區對勞動需求會不斷增加，這就讓高工資可以維持多年，直到勞動需求增加率低於勞動供給增加率爲止。

上提的三種例證都說明一個基本原理：對於勞動的需要也像對其他任何物品一樣，必定會調節勞動的增長。

事實上，當資本累積到相當程度而居主要地位之後，勞動者是爲「資本的所有主所僱用，……一般工資都是由這兩群利害總是相異的當事人之間所訂定的契約來決定。勞動者希望工資提高，雇主則相反。前者團結起來要求提高工資，後者則團結起來要求工資降低。」

史密斯充分了解雙方議價能力是不對稱的，而雇主總是居優勢。此種不對稱的情況受到政治權力結構的影響更明顯，所以，法律制度就時常受到工人的攻擊。史密斯說：「在一般情況下，不難看出兩群當事者中某一方在爭議過程中居於優勢，而強迫另一方接受他的條件。雇主由於人數較少，所以容易團結，同時法律也准許他們團結，至少沒有禁止他們這樣做，但對工人則予以禁止。」

史密斯認爲，勞動報酬的的優厚，一方面可使人口增加，另一方面也可激勵一般人的勤奮。勞動的工資是勤奮工作的誘因，而生活資源的豐裕可以增強勞動者的體力，同時他的境況可以改善，晚年生活能安逸度過的美滿希望也可促使他盡量發揮力量。因此，我們發現在工資高的地方的工人總是比低工資地區的工人積極、勤奮和敏捷。相反地，貧窮不能激勵任何人，只會傷害他們的健康，特別是對子女的養育非常不利。史密斯認爲，商人所追求的低工資經濟，只能在短期內爲他們得到些微利益，長期對社會將造成傷害。

接著看「利潤」（profit），史密斯說：「利潤是由人管理或運用資本而產生的，那些不是人自己運用而將之貸給別人的資本所獲的所得，就稱爲利息或貨幣的使用費。這是借者給予貸者的補償，因爲利潤是他有機會使用貨幣才能得到的；其中一部分自然是屬於借者的，他曾冒著風險設法運用它，另一部分（利息）則屬於貸者，是他提供借者以賺利潤的機會。」

史密斯再利用利潤和利息這兩個概念來說明「純利潤」（net or clean profit）和「毛利潤」（gross profit）的區別。前者是「一般利潤的最低率，……足夠補償……所冒的風險，也足夠補償運用資本的麻煩。」後者則是前者再加上利息。純利潤是對生產活動的報酬，利息則像地租那樣並非生產活動的所得。不過，利息隨著純利潤的變動而變動，後者提高，前者也提高，反之則降。

史密斯認爲，若其他情況不變，且工資率已知，則利潤率可由可用資本的數量和投資的報酬決定，而長期利潤率趨於下降，因資本數量增加和尋找有利投資機會困難所致。雖然史密斯指出，在經濟進步國家，利潤減少的趨勢可能會受到抑制，因有新的投資機會或新土地的獲得，但「利潤的減少是繁榮的自然結果。」

史密斯又認爲，除了富有的人以外，是不可能依賴貨幣利息維生的，因而只有小量資產或稍有較多資產的人，都只得自行勉力將其所有的資財加以運用，幾乎每個人都需經營事業或從事某類事業的發展，這也就成爲經濟不斷發展的動力之一。

最後看地租。史密斯說，地租被視爲使用土地的價格，因爲土地本身是生產性的、是個人的財產、是稀少的，所以要支付價格。史密斯認爲地租是一種「純剩餘」（pure surplus），因它是地主不費自己絲毫勞動而得到的。史密斯進一步指出，地租相當於「壟斷價格」（manopoly price），至少就其廣義而言是如此，因爲是「租用者在土地實際情況下，所能支付的最高數額」。

所以，地租不是生產活動的報酬，與工資和利潤不同。後兩者都是一件商品價格的組成部分，因爲它們都是生產成本的一部分，一件產品若要送到市場銷售，必須將生產成本收回，否則就不會有供給。地租則不同，它需看貨品的需求情形，若需求增加到足以使價格上漲到生產成本以上，則超過的這一部分就自然成爲土地的地租。所以，地租的高低需看物品價格的高低，兩者呈正向關係。由此可知，工資和利潤是物品價格的成因，地租則是物價形成後的結果。

我們於是可以說，地租是由土地的「肥沃性」與其所處的「位置」所決定，這裡所謂的「位置」，係指土地產物的市場大小。在其他條件不變下，市場越大，地租越高，而市場大小則是運輸成本決定的，「良好的道路、運河及航行的河川可減少運輸費用，使得僻遠地區獲得與都市附近相同的水準。因此，它們是所有改良中最偉大的一種。」這些改良擴展了市場，增加分工的可能性，自然也使地租增加，所以在史密斯的分析中，高額的地租是改良和進步的標誌。

史密斯認為，長期間地租會趨於上漲，因隨人口增加，對土地的使用也將增加，土地的耕種和改善的擴大會直接拉升地租，由而地主在產量中獲得的份額亦隨之增加。地主收入的實質價值也會隨時間而增加，因為所有這些在勞動生產力上的改進，會直接使製造品的實際價格趨於減少，間接使土地的實質地租上升。

在對地租的研究之後，史密斯就得到這樣的結論：社會情況的每項改善都直接或間接使土地的實質地租提升、增加地主的財富，也使地主增加對勞動和勞動產品的購買。相反地，若社會荒廢耕種或忽視改進，土地的初級產物的實質價格下跌，製造技術和勤奮程度的衰落，致製造品之實質價格下降，社會的實質財富的減少等等，都會使土地的實質地租降低，使地主的實質財富減少，使地主對勞動力或他人勞動產物的購買力下降。

總之，每個國家的土地與勞動所完成的全部產物或全部產物的全部價格，都由地租、工資和利潤構成，分別是三群人的所得。這三群人就以他們的所得去滿足各自需要的物品以維持生活，就這樣，全社會產物也就分配出去了。這三群人是每一文明社會中三大構成階級。史密斯是這樣分析三大階級的：

第一個階級是地主，他們的利益與社會全體的利益密切關聯。凡是促進或阻礙地主利益的，也必定同時促進或阻礙整個社會的利益。他們是社會三種階級中唯一不必出力，也不必費神即可獲得收入的階級。這些收入好像自動掉到他們手中似的，用不著任何計畫或籌謀。這種安逸與安全處境自然養成怠惰，使他們常常無知，同時喪失了爲預見與理解任何公共管制的後果所必須具備的思考能力。

第二個階級是靠工資生活的人，像地主一樣，他們的利益與社會全體的利益密切關聯。當社會繁榮時，工資就會高，高到可過較舒適的生活。當社會經濟停滯時，工資就降低，低到僅足餬口，甚至連餬口都不可得。當社會繁榮時，地主得到的好處也許大於勞動階級，但衰退時，卻沒其他階級會像工人那樣遭殃和受苦。工人階級沒能力去認識社會利益和他們利益的關係，因爲他們的生活情況使他們沒時間去吸收必要的知識，即使訊息充分，他們的教育與習慣也通常使他們不太能夠做出正常的判斷。

因此，在考慮公共政策時，幾乎很少聽到他們的聲音，即使有也不受重視。

第三個階級是靠利潤過日者，他們的利益與社會利益不太相關；相反地，在富有的國家，利潤低，在貧窮的國家則高，在快趨滅亡的國家始終是最高的。在這個階級中，通常是商人和製造業主運用的資本數量最多，他們非常富有，也受社會大衆景仰。他們的一生都在從事計畫與籌謀，理解能力比大部分鄉村地主敏銳，但他們的思慮通常花在照顧自己的利益而非社會的一般利益。所以，這一階級的判斷，即使是本著最大的眞誠而提出的，其決定基於私利要遠高於社會利益。商人的利益總在擴大市場與限制競爭，擴大市場也許符合公益，但限制競爭則必定違反公益。任何新的法規或商業管制的建議，若出自這一階級，我們就需仔細諦聽，除經長期審愼檢定和徹底體察而認爲可行者外，其餘都不應採納。

七、重商和重農主義的謬誤

亞當・史密斯的《原富》中經濟理論的核心，是在闡述市場自由運作的功能、「不要政府干預」的立場，他在書中明白宣示並多方驗證，第四卷〈論政治經濟學的思想體系〉開宗明義就說：「政治經濟學是一門探討如何裕民又富國的學問。」而如何裕民又富國，在當時有兩個主要的思想體系：重農和重商主義。史密斯旁徵博引，批評這兩種主義的不當，從中也表現出他如何富國裕民的方法。那是什麼呢？還是老生常談、大家琅琅上口的「分工、貿易以及政府不要干預市場」，在第四卷中，史密斯便將這些永恆的道理作更廣大、更透徹的發揮。

重農主義者是十八世紀時，法國一群對當時法國推行的政策表示關心的哲學家，領導人是揆內，他是法國國王路易十五的御臣。重農主義強調「農業是每個國家收入和財富的唯一來源」，只有那些在土地上工作者才可被稱爲生產階級，技工、製造業者和商人都是「無益的階級」或「非生產階級」。

史密斯雖然認同農業由於大自然的慷慨使它成為經濟成長的基礎，但一國之大量財富的產生仍有賴技工與製造業工人的勞動才有可能。這是因為勞動的生產力係決定於分工的細密，而「技工與製造業工人比農人與鄉村中的工人分工得更細，因而所獲得的改進程度更高。」所以，技工與製造業工人從長期來看，是非常有生產力的階級，把他們的勞動視為非生產性是不對的。史密斯花了不少篇幅並舉荷蘭和漢堡這樣的都市為例，批評重農主義者的這種謬論。不過，史密斯雖不完全同意這群重農主義者的見解，但他從他們身上學到不少，對他們也都非常敬仰。

重商主義這一名號是指當十五世紀民族國家（nationstate）興起，到十八世紀時，這些國家對於國際經濟關係之性質與管制的思想與措施。這種思想大致上都強調保持一國物品與勞務的出口超過進口的重要性，因為這樣在一個沒有黃金和白銀這些貴金屬礦產的國家，就可以增加自己所保有的金銀，而金銀可視為一國之財富與力量的憑證。到了一八六〇年代，德國以"merkantilismus"這個字來表示這種思想，這與英文"mercantilism"這個字的意義相同，此後西方國家就以此字來代表這種思想，中文就譯為「重商主義」。

重商主義者主張「獎勵出口」（例如：退稅、獎勵或補貼、和外國締結有利的通商條約等）和「限制進口」（例如：爲保護國內產業，限制特定國家的商品進口、高關稅和絕對禁止某些產品進口等）。

史密斯認爲重商主義的癥結所在是：重視生產者，忽略消費者。他說：「消費是所有生產的唯一目的與意義，生產者的利益是應該受照顧，但不該超過也許是促進消費者利益所必要的程度。」他又說：「此一箴言是如此純然不證自明，只有想法荒謬的人，才會想要加以證明。」

由於重商主義「似乎認爲，所有勤勞與商業活動的最終意義與目的，在於生產，而不在於消費」，因此造成「那些爲了商人與製造業者的利益而制訂的法律，就像古希臘時代的執政官德拉古所制訂的法律那樣，可說全都是用鮮血寫成的。」不只如此，任何政策若「僅爲了增進某一階級的利益，而去傷害另一階級的利益，不管這傷害的程度有多大，顯然都違反了君主對其屬下各階層人民應盡的那種正義與公平對待的義務。」現代一直以來，各國慣用的「產業政策」，不都是如此嗎？

史密斯嚴謹區分貨幣（金銀）與國民財富的差別，他強調金銀不是國民財富，勞動、土地和資本才是，因此，一國累積貨幣沒有意義。史密斯用了很多篇幅，舉了許多實例，說明：「輸入金銀，並非一國從國外的貿易得到的主要好處。」金銀（貨幣）的價值在於：「它用國內多餘的產品，交換其他可以滿足國內人民部分需要、提高人民享受的東西，因此它讓多餘的東西有了價值。」

當代主流經濟觀念又背離亞當．史密斯，再回到重商主義，而以「新重商主義」名義還魂，而媒體和輿論似乎也大都認同，各國政府也都拚命累積「外匯存底」，史密斯在天國想必大嘆「子孫不肖」吧！

不必那麼仔細的想一想：如果一國刻意讓本國貨幣的幣值低估以促進出口，雖可增加外匯存底，但因同量出口所能換得的進口物品減少，也就是國際貿易理論中所謂的「貿易條件惡化」，則會使商品出口增加、輸入了金銀（外國貨幣），但因人民買不到便宜又好的進口貨，不是反會降低本國人民的整體福祉嗎？已故的蔣碩傑（一九一八－一九九三）院士在去世前一直叮嚀「外匯資產猛增是禍害」，以及強調「貨幣只是交易媒介」，就是亞當．史密斯的理念。一九八〇年代臺灣金錢遊戲熾熱，已故的邢慕寰（一九一五－一九九九）院士當時聲嘶力竭呼籲讓臺幣自然升值，及一連串為文高呼成立「中央發展外匯基金」，將氾濫游資導入生產用途，都是呼應史密斯的理念並反對重商主義。奈何言者諄諄，聽者藐藐，到二十一世紀的現時，不只中國大吃重商主義毒藥，其他各國幾乎都無法倖免，全球人民深受金錢氾濫之害，不知伊於胡底，只能無語問蒼天。唯有重新拾起亞當·史密斯的理念，才能斬斷毒瘤，逐漸恢復生機啊！

亞當·史密斯對重農和重商主義的簡要評論是：「重農比重商主義更自相矛盾，重商至少還鼓勵製造業和貿易。」不過，史密斯認爲重商主義體系對於社會所帶來的不僅僅是錯誤而已，而是重大的傷害，而重農主義的體系從來沒有一國曾採行，也就不會對世界任何地區產生傷害，也自然沒有將其錯誤詳加研討的價值。

八、政府的天職

史密斯在討論重商主義的思想體系之後，下了這樣的結論：「一旦所有偏袒的和約制的措施被解除後，一種明顯而簡單的天賦自由體制就自然而然樹立起來。每個人只要不違反公平的法律，就可完全按照自己的方法去追求他自己的利益，可將他的勤勞與資本去與其他任何人、任何階級從事競爭。君主完全解除了一種職責，要想肩負這種職責，他常會遇到許多迷惑，要想恰當地去肩負這種職責，人類還沒有足夠的智慧與知識。這種職責就是監督私人的勤勞，並指導它邁向最符合社會利益的就業。」

由此可見史密斯對於個人的天賦自由的維護是非常重視的，因而一般都認爲他對重商主義的批評就是對於自由放任經濟之主張的支持。不過，這不是說在史密斯的意想中，政府對於社會經濟的發展就可完全置身事外，他在《原富》第五卷就花全書篇幅的28.5%討論這個課題，篇名是〈論君主或國家的收入〉，這就是公共經濟學，也就是政府收支，或是當今的財政學。

史密斯說：「依據天賦自由的體系，君主只有三項需肩負的職責。這三項職責的確非常重要……第一項職責是保護社會不受其他獨立的社會之暴力迫害與侵犯。第二項職責是盡可能保護社會中每個份子都不受任何其他份子的無理干擾或壓迫，也就是要建立一個嚴正的司法體系以維護正義。第三項職責是要建立並維護某些公共設施與某些公共機構，這些設施和機構對一個大社會雖然極為有利，然而由於性質特殊，其利潤絕不可能作為費用償還給任何個人或少數幾個人，所以也就不可能期待任何個人或少數幾個人出資興建與維護。」

簡言之，史密斯認為政府的天職包括國防、司法、公共設施和公共機構等三項。第三項內含四項：交通等方便商務往來的公共設施與機構、青少年教育、全民教育（信仰、宗教與教會），以及維護君主（國家元首）尊嚴所需的費用。在這「六項」中，除了國防與元首費用外，史密斯認為，其他各項最好能「使用者付費」，但因難以歸類或其他原因，而由社會大眾負擔，也可以接受。

在論述公共經濟課題時，史密斯仍是利用「道一以貫之」的「分工與專業化」理論，例如：在討論國防經費時，他檢討了狩獵、游牧、農業以迄工商社會各個時期的軍事力量，並歸納出在狩獵與游牧時期，全民皆兵的落後民族往往可以打敗比較進步的民族。等到社會進步到軍人成為專業的常備兵後，分工更細的先進國家，其武力就勝過分工較粗的落後國家。

政府的收入來源可歸為三類，一是公營事業（君主或國家財源），二是稅捐，三是公共債務（公債）。第二類包括各種收入來源的稅收，如地租、財產利得、所得稅，以及個人稅（包括人頭稅與消費稅等）。史密斯的《原富》，是從各種經濟現象的觀察中，析釐出經濟原理。二百四十年前的經濟現象，大都成為歷史，也大都不是現代人知道的史實，看起來很不真實，但稍用心思就可理解史密斯的原意，而且大部分的現象不只現在適用，還更明顯，只是用詞不同，如史密斯所指的第一類政府收入──君主、國王的財產收入，現代的用詞是「公營事業」。史密斯強烈反對政府依賴這類收入，因為它們沒有效率，這也正是現今各國公營事業最被詬病的問題。史密斯這樣說著：「似乎不會有其他任何兩種性格，比商人和君主這兩種，更為不搭調。……商人（如有君主的權力）是最爛的君主，君主（去做生意）則是最差勁的商人。」史密斯不是早已鐵口直斷公營事業不可行了嗎？不肖子孫真的不受教呢！

史密斯在討論國家推行政務所需經費的來源之後，認為英國的情形不好，有很多需要改進的地方。他認爲當時的英國面臨的最大問題是公債數量不斷增加，在《原富》的最後一章他就對公債的出現，以及公債的弊害詳予解析，並提出一種烏托邦式的補救辦法。

在商業擴展和製造業進步以前的荒野社會，一般人的收入通常是穀物、牲畜、獸皮、羊毛等等可用來製造食物和衣飾的原料。即使有豐富的收入，除用來僱用僕役和招待親友外，少有其他用途，因而一般人的生活都很儉樸，自然會將剩餘物資換成可儲存的金銀之類貴金屬。再因當時社會暴戾和混亂，也有必要多留這些資財，以應不時之需，一般封建豪閥更有強烈保存財富的誘因。到了商業時期，社會中可供使用的物品衆多，富有者的生活方式也隨之改變，所能儲存的資財就減少了，掌握大權的君主也不再從事儲存了。

當時的歐洲正値民族國家興起，各國都在推行重商主義政策，都希望消除在市場上的競敵，戰爭仍不時發生。平時不思節儉儲蓄，戰時自需舉債應急，於是公債就出現了。政府有舉債必要的同時，其國民也產生了放貸的意願與能力。因爲重商主義的政策所產生的成果全部被商人所占有，於是商人就有充裕的財源來支持政府財政上的需要，何況這種需要就是肇始於推行這些對商人有利的戰爭所引起的。同時，政府爲了應付這種緊急的需要，往往會以非常有利於貸方的條件借錢。政府明白能在切需時可借到錢，於是就自己解除儲蓄的責任。而龐大債務的增加過程，使當時歐洲各國都感到壓力，長期可能會陷於破產。

由於英國政府舉債往往超過其償債能力，借新債還舊債就成爲常用辦法，循環持續就會到不能還本金，只能付利息的窘境。所以，紓解當前緊急狀況，就一直成爲公共事務的行政當局所面對之急需處理的工作，至於未來的解救，就留給後代去處理，這也就是赤裸裸的「債留子孫」。

亞當．史密斯認爲政府的支出不但在平時，甚至在戰時都應以賦稅來支應，不應借債，否則會影響資本累積。當一七七六年《原富》出版時，英國公債數量很龐大，史密斯認爲除非公共收入有相當增加，或者公共支出有同樣減少，否則公共收入上這種債務的負擔絕不可能減除。他提出了一些可能性，但將焦點放在最能增加國家稅收的方法，如：將英國的課稅制度擴伸到大英帝國所有有英國後裔的居住地。他也考慮到，如果要符合英國憲法的原則，每一地區就必須在國會中有與其貢獻的稅收成比例的代表。這雖然很難辦到，但史密斯認爲值得深思如何去實現，畢竟「這種思索再壞，也不過是一種新的烏托邦而已。」既然舊的烏托邦可以提出，思索新的烏托邦也不會有什麼不好，史密斯於是提出一個關於英國公共收支的烏托邦式的願景。

亞當・史密斯說：「將英國的關稅法適用範圍延伸到愛爾蘭以及其他各殖民地，如果自由貿易也跟著延伸，基於公平原則也正應該如此，那麼對雙方都將產生最大的利益。……大英帝國內所有不同地區之間的貿易將會像目前英國沿岸貿易同樣的自由，大英帝國就這樣可以在其自身範域內，爲其所屬之每一地區的每一部分的產出提供一個非常廣大的市場。」他大略地將所憧憬的統一局面可能產生的影響加以估計，他認爲因而所增加的稅收與所增加的開支相互抵銷以後，就可能在幾年內使英國的公債全部還清，整個帝國的經濟將會重新振興。不但如此，「人民也許可以免除某些惱人的稅負，例如：免除那些對生活必需品或製造業的原料課徵的稅。於是貧窮的勞動者將可過較好的生活，其工作所需的成本可以減輕一點，也可以將他們的產品低廉地運送到市場，這樣使它們的價格下降了，自會增加人民對它們的需要，結果對勞動的需要自然也增加了。這種對勞動之需要的增加，就會提高勞動者的數量，也會改善他們的生活。」

史密斯承認他所描述的對貧窮勞動者所產生的利益不會立即產生，但他相信他所提出的政策對愛爾蘭與英國在美洲的殖民地都比較良善與公平，同時也對英國比較良善與公平。他說：「愛爾蘭與美洲殖民地應對減少英國的公債盡一份力量，並不違背公平原則。英國的公債是爲了維護光榮革命所建立的政府而形成的，目前愛爾蘭的新教徒不但在他們自己的國家所享有的權威，而且在自由財產與宗教方面所保有的每一份安全都是這一政府之所賜。同樣的，也是由於這一政府，有幾個美洲殖民地才有目前的特許狀，結果也才有它們目前的憲法，而所有美洲殖民地從此一直享有的自由安全與財產也得歸功於這一政府。那種公債不但是爲了保護英國，而且也是爲了保護大英帝國所屬的不同地區。」

亞當·史密斯特別提到愛爾蘭的例子，他認爲「愛爾蘭與英國統一以後，除了獲得貿易自由以外，還得到其他更爲重要的利益，而這些利益就綽有餘裕地補償統一可能帶來的任何稅負的增加。由於與英國統一，蘇格蘭的中下層人民就得以完全從過去一直壓迫他們的貴族權勢的宰割中解放出來。如果與英國統一，大部分愛爾蘭人就能同樣的完全從一壓迫更甚的貴族制度中解放出來。這種貴族制度與蘇格蘭的不同，不是依據家世與財產的差異而形成的，而是依據所有差異中最可憎的一種，即宗教與政治偏見而形成的。這種差異比任何其他的差異更會助長壓迫者的強橫與被壓迫者的怨恨與憤怒，且常使同國居民相互仇視甚於任何不同國民間的仇視。如果不是與英國統一，愛爾蘭的居民在許多世代大概都不會認爲他們同屬於一個民族。」

至於美洲殖民地，亞當・史密斯接著這樣說：「在這些殖民地從來沒有壓制的貴族之存在，不過，即使如此，從幸福與安寧的觀點看來，與英國統一還是會得到很大的進展。至少可以使他們避免小型民主政體下的一些無法擺脫含怨仇視的黨派紛爭。這些黨派紛爭常常會破壞人間的感情，擾亂了形式上這樣民主政府的穩定。如果與英國完全分離，這些黨派紛爭可能會更激烈十倍。而這種分離情形似乎很可能出現，除非被這種統一行爲所阻止。在目前騷亂情形開始之前，祖國的約束力量常能抑制那些紛爭，使其不致惡化到超過粗暴與凌辱的程度。但如果這些約束力量完全撤離，它們就很有可能會強烈到公然施行暴力而造成流血的局面。在一個統一政府管制的大國，黨派的意識在邊遠地區普遍都要比在帝國的中心稀微，那些地區離開首都的距離，離開黨派與野心激烈爭奪的主要戰場的距離，使它們比較不會在黨派衝突中陷入任何一方面的觀點，使它們可以比較冷靜公平地觀察所有黨派的行爲，蘇格蘭的黨派意識就不像英格蘭的那樣濃厚。在統一的情形之下，愛爾蘭的黨派意識恐怕比蘇格蘭更爲淡薄，而美洲殖民地也將可能很快享有目前在大英帝國任何地區都未曾出現過的那種和諧一致的景象。不錯，愛爾蘭與美洲殖民地將會付出比現在還更重的賦稅，但是，如果公共收入能忠實地使用於國債的償還，那些賦稅大部分就不會繼續徵收，而英國的公共收入也許不久就能減少到維持一個適度的平時政府的體制。」

如果不推行這一烏托邦的計畫，亞當．史密斯認爲只有設法減少支出以減少公債，而要減少支出，他認爲只有一種方法，就是讓這些殖民地脫離。因爲，追根究柢，大部分公債之所以形成，就是由於要保衛這些殖民地的緣故。他說：「就是因爲這些殖民地被認爲是大英帝國的領土，所以這些費用才會花在它們身上，但是，這些地區既未捐輸分文給公共收入，亦未貢獻兵力來支持帝國，實在不能視爲帝國的領土。它們也許當作帝國的附屬品，是一種屬於帝國的華麗而顯耀的裝飾。」

他更進一步地說，這一帝國的利益是一種幻想：「它一直都不是帝國，而只是一個帝國的計畫，不是一座金礦，而只是一個發掘金礦的構想。」這已是一個花了許多公共費用的計畫，但一直都沒有任何利潤，只有帶給他們損失。因爲正如他一再指出殖民地貿易的壟斷，並不是爲人民的利益而維持的，而是爲那些特殊的商人利益而維持的。「現在無疑是我們的統治者應該實現這一他們一直所陶醉的，或許也是人民所沉迷的金色美夢的時候了；或者說是他們應該從這一美夢當中醒悟了，同時也應該設法使人民也醒悟過來。如果這一計畫不能完成，就應將之放棄，如果大英帝國的任何地區不能對整個帝國的維持有所貢獻，那麼現在英國就應該自己免除在戰時保衛它們所承擔的費用，亦免除平時對它們民政與軍事支持所付的費用，同時應該努力調整未來的意向與設計，以適應它實際所處的平庸境況。」

以上是亞當・史密斯在其鉅著《原富》中最後所說的幾段話，從事實的發展中可知他這幾段話的確是如他自己所說的，只是一種烏托邦的構思。因爲就在他於一七七六年三月九日將此經典鉅著發表不久之後，美洲十三個殖民地就於同年七月四日宣布獨立，建立了一個對此後世界發生重大影響的「美利堅合衆國」（the United States of America），這就是當今世界最大政經強國，被稱爲世界警察的「美國」。

公債將會造成「債留子孫」的惡果，史密斯在兩百四十年前就明白指出，而「公債亡國」也早被有識者提出，奈何子孫不受教！當今「大債時代」的景況，配合世人貪婪自私、道德敗壞，正走入毀滅的邊緣，看來只有重向史密斯取經，在《道德情感論》中尋藥方才能倖免！

九、亞當・史密斯看樂透彩

《原富》和《道德情感論》的中譯者謝宗林在二〇〇二年九月五日出刊的《經濟前瞻》上發表了〈亞當・史密斯看樂透彩〉這篇文章，描述史密斯對「不理性」賭博行爲的解釋，他是這樣寫的：

「在純粹公平的抽獎賭局裡，中獎的那些人獲得的全部獎金，應該等於抽到空籤的那些人全部輸掉的金額。根據此一定義，臺灣發售的樂透彩票顯然是一種不公平的賭局。另一方面，根據經濟學教科書，在不確定的情況下，理性的行爲追求最大的預期效用。假定財富的效用遞減，則理性的人必然會規避風險，絕不會主動招納風險、參加公平的賭博，更不用說參加不公平的賭博。然而，發售樂透彩的臺北市銀行卻是大發利市。這也許是因爲每個買彩票的人都認爲自己會比別人幸運，因此主觀上有很好的理由參加賭局，儘管該賭局是客觀的不公平。

經濟學之父、《原富》的作者亞當・史密斯便是以財富的效用遞增，以及賭徒認爲自己會比別人幸運，解釋看似不理性的賭博行爲。他的解釋頗爲有趣，他說：『對自己的能力過於自負，是歷代哲學家與道德學家經常提到的大部分人類的一個老毛病。人類過於高估自己的運氣，雖然同樣荒謬，卻比較少有人注意。然而，事實上，這種少有人注意的老毛病，很可能更爲普遍。凡是活人，只要他們身體和心情還不錯，無不多少會有這種毛病。對於成功的機率，每一個人多少都會高估；對於失敗的機率，大多數人會低估，而幾乎每一個身體和心情都還不錯的人，都不可能會高估它。成功的機率自然會被高估這回事，我們可以從彩票抽獎的賭局普遍都經營成功，瞧出端倪。過去世上從來沒有，將來也不可能看到，純粹公平的彩票，即所有賭贏的獎金等於所有賭輸的錢；因爲純粹公平的彩票不能讓經營賭局的人賺錢。在政府經營的彩票抽獎賭局裡，每一張彩票的眞實價值，本來便小於首先認購者付出的價格；然而，在市場上，它們的銷售價格通常高於認購價格的百分之二、三十，甚至百分之四十。之所以有這樣熱烈的需求，唯一的原因是人們妄想獲得少數幾個大獎。即便是頭腦最清楚的那些人，也很少認爲花一點錢買一個機會希望獲獎一、兩萬鎊，是一樁蠢事，儘管他們知道，那一點錢雖然不多，但仍然比獲獎機會的眞正價值高出百分之二、三十。相反的，如果中獎的彩票獎金頂多是二十鎊，那麼便不會有很多人想買彩票，儘管在其他方面，這種彩票比一般政府彩票更接近純粹公平的抽獎賭局。爲了有更好的機會獲得一些大獎，有些人買了好幾張彩票，另外有些人合起來共同買了更多張彩票。然而，彩票買得愈多，愈可能輸錢，在數學上是一個極端確定的命題。把全部的彩票買下來的人，輸錢的機會是百分之百地確定；買愈多張彩票，愈接近這樣確定的程度。』（《原富》卷一第十章）兩百多年前的人性描述於今仍然適用，實在有趣。

至於常人低估失敗機率的例子，亞當·史密斯說：『我們可以從一般保險人獲利微薄，推知人們時常低估失敗的機率，或至少很少高估它。任何火災或海上保險事業，若要持續經營，通常的保費收入，除了必須足夠償付通常會發生的事故損失外，還必須足夠償付保險事業的管理費用，並且讓保險業的資本獲得相當於其他普通行業的利潤。被保險人支付的保費如果不比這個多，那麼他所支付的保費，便顯然不會大於危險的眞正價值；也就是說，這個保費，是讓他的危險獲得保障必須支付的最低合理價格。雖然有許多保險人賺了一點點錢，但極少有人因經營保險事業而發大財，單憑這一點，我們似乎便可判定，和其他普通行業相比，保險業的平常利潤顯然不是很出色，畢竟有更多人在其他普通行業發了財。然而，儘管保費通常不高，很多過於輕視危險的人還是不願意買保險。就我們全國平均來說，每二十棟房子當中有十九棟，甚至也許是每一百棟房子當中有九十九棟，沒有火險保障。』（《原富》卷一第十章）這段引文說保險業利潤微薄，讀者或許認爲與臺灣的國情不合。其實，臺灣保險業以往的風光，是政府限制金融產業競爭的結果。金融業開放競爭後，保險業利潤已大不如前。事實上，按照日本泡沫經濟崩潰後的經驗教訓，在貸款利益長期滑落的情況下，出售長期高收益人壽保險合約的業者處境之艱難，不下於呆帳比例過高的銀行。

高估成功的機率而低估失敗的機率，不限於賭徒或一般民眾，長於計算的企業家也不例外。亞當・史密斯說：『各行各業的平常利潤率，因投資獲利的不確定性大小不一，而多少有所不同。……但是，平常的利潤率，似乎不會隨著投資獲利風險的提高而成比例地上升；也就是說，平常利潤率上升的程度，似乎不足以充分補償風險提高的程度。破產倒閉的個案，最常發生在投資風險最高的行業。所有行業當中，投資風險最高的，當推走私，而如果成功，走私照樣也是獲利率最高的行業；但，沒有什麼行業比走私更確定會導致破產。在這裡，奢望成功的心理，似乎也像在所有其他場合那樣發揮作用，誘使太多人冒險投入高風險的行業，以致他們的競爭，把利潤壓低到充分補償投資風險所需的水準以下。若要充分補償風險，一般的投資報酬，除了必須高於平常的資本利潤外，高出的部分還必須彌補所有偶爾發生的損失，並且讓冒險的投資者額外得到一般保險人享有的那種正常利潤。但是，如果一般的投資報酬達到這樣充分的水準，那麼在高風險的行業裡破產倒閉的個案就不會比在其他行業更爲常見。』（《原富》卷一第十章）那麼，對於亞當．史密斯兩百多年前的觀察，讀者以爲然否？」

是的！大家能認同嗎？畢竟同樣都是「人」！

十、《原富》內容精要

亞當·史密斯於一七六八年開始著手著述《探究國民財富的本質和成因》（簡稱《原富》）。一七七三年時認爲《原富》已基本完成，亞當·史密斯多花三年時間潤飾該鉅著，初版於一七七六年三月，也就是美國建國和《獨立宣言》發表的那一年面世。

《原富》共分五卷。第一卷共分十一章，主要內容是分析形成以及改善勞動生產力的原因，分析國民財富分配的原則。它從國民財富（國富）的源泉「勞動」，說到增進勞動生產力的手段「分工」，因分工而起「交換」，接著論及作爲交換媒介的「貨幣」，再探究商品的「價格」，以及價格構成的成分「工資、地租和利潤」。第二卷論物品積蓄的性質、累積及運用，共分五章，主要內容是討論資本的性質、累積方式，分析對勞動數量的需求取決於工作性質。第三卷論不同國家財富增加的過程，共分四章，主要內容是介紹造成當時比較普遍重視城市工商業，輕視農業政策的原因。第四卷論政治經濟學的思想體系，共分九章，主要內容是列舉和分析不同國家在不同階段的各種經濟理論。第五卷論君主或國家的收入，共分三章，主要內容是列舉和分析國家收入的使用方式，是爲全民還是只爲少數人服務，如果爲全民服務有多少種開支項目，各有什麼優缺點；爲什麼當代政府都只有赤字和國債，這些赤字和國債對眞實財富的影響等。

書中總結了近代初期各國資本主義發展的經驗，吸收了當時的重要經濟理論，對整個國民經濟的運作做了系統的描述，被譽爲「第一部有系統的偉大經濟學著作」。此書出版後引起大衆廣泛的討論，影響所及除了英國本地，連歐洲大陸和美洲也爲之瘋狂。《原富》的首次出版標誌著「經濟學作爲一門獨立學科的誕生」，在資本主義社會的發展方面，《原富》起了重大的促進作用。

十八世紀結束以前，《原富》就已經出了九個英文版本。人們以「一鳴驚人」來形容《原富》的出版，並一致公認亞當·史密斯是一門新學科——政治經濟學的創始者。亞當·史密斯因此而聲名顯赫，被譽爲「知識淵博的蘇格蘭才子」。據說當時英國政府的許多要人都以當「史密斯的弟子」爲榮。國會進行辯論或討論法律草案時，議員常常徵引《原富》的文句，而且一經引證，反對者大多不再反駁。《原富》發表之後，被譯爲多國文字，傳到國外，一些國家制定政策時，都將《原富》的基本觀點作爲依據。這本書不僅流傳於學術界和政界，而且一度成爲不少國家社交場合的熱門話題。

《原富》一書寫作技巧高超，文筆清晰，擁有廣泛的讀者。史密斯反對干預商業和商業事務、贊成低關稅和自由貿易的觀點，在整個十九世紀對政府政策都有決定性的影響。事實上，他對這些政策的影響，在今天人們仍能感覺出來。

該書的偉大成就之一是，摒棄了許多過去的錯誤概念。亞當·史密斯駁斥了舊的重商主義，這種學說片面強調國家儲備大量金銀的重要性。他否決了重農主義者的土地是價值的主要來源的觀點，提出了勞動的基本重要性。他的分工理論重點強調勞動分工會引起生產的大量增長，抨擊了阻礙工業發展的一整套腐朽的、武斷的政治限制。

《原富》的中心思想是，看起來似乎雜亂無章的「自由市場」，實際上是個自行調整機制，自動傾向於生產社會最迫切需要的貨品種類的數量。例如，如果某種需要的產品供應短缺，其價格自然上升，價格上升會使生產者獲得較高的利潤，由於利潤高，其他生產者也想要生產這種產品。生產增加的結果會緩和原來的供應短缺，而且隨著各個生產者之間的競爭，供應增長會使商品的價格降到「自然價格」，即其生產成本。誰都不是有目的地透過消除短缺來幫助社會，但是問題卻解決了。用亞當·史密斯的話來說，每個人「只想得到自己的利益」，但是又好像「被一隻無形的手牽著去實現一種他根本無意要實現的目的，……他們促進社會的利益，其效果往往比他們眞正想要實現的還要好。」（《原富》第四卷第二章）

史密斯在《原富》中要回答的最後問題是，在社會的長期演進中，經濟制度究竟是怎樣在歷史本身的大舞臺上發生作用的。這個問題的答案見第五卷，他列舉了社會發展的四個主要組織階段，除非由資源的匱乏、戰爭或政府的壞政策予以阻止，否則這些階段是會連續進行的。這四個階段是：獵人的最初「野蠻」階段，原始農業的第二階段，封建或莊園「耕作」的第三階段，商業上相互依存的第四階段。每一階段伴有與它的需要相適應的制度。例如：在獵人階段中「沒有任何財產……因此，也就沒有任何確立的行政長官或正規的司法行政」。隨著牛羊群的出現，產生了比較複雜的社會組織形式，不僅包括「可怕的」軍隊，而且有不可缺少的法律和秩序堡壘。史密斯思想的核心是：這種制度是保護特權的工具，不能用自然法爲之辯護。他說，「文官政府是爲了財產的安全而設立的，實際上是爲保護富人，反對窮人而設立的，即爲了保護有些財產的人，反對根本沒有財產的人而設立的。」最後，史密斯描述從封建主義走向一個需要有新制度的社會階段，這種新制度是由市場確定的，而不是由同業公會確定的，是自由的而不是受政府限制的。這在後來稱爲自由放任的資本主義，史密斯稱之爲「完全自由的制度」。這種物質生產基礎的連續改變，將帶來上層建築的必然改變，這和馬克斯主義的歷史觀有明顯的相似之處。可是也有一個重大的差別：馬克斯主義體系中最後動力是階級鬥爭，而在史密斯的哲學史中，主要的推動機制是「人性」，由自我改善的慾望所驅使，由理智所指導。

最後，値得一提的是，在《原富》中，史密斯在一定程度上預見到了馬爾薩斯人口過剩的觀點，也就是馬爾薩斯在一七九八年發表的《人口論》（*An Essay on the Principle of Population*）中宣稱的：「人口增長」已遠遠超過「地球供養人類的能力」，亦即「人口呈等比或幾何級數增加，糧食呈等差或算術級數增加，人類將陷於『貧窮的陷阱』中」。

第四章

《道德情感論》出版沿革、內容與精義

亞當·史密斯之所以有時間和精力完成《原富》這本經典鉅著，主因是他在一七五九年寫出了《道德情感論》大受好評，連在歐洲大陸都獲極大的讚揚，史密斯也因而擠進英國頂尖哲學家行列。而休謨將該書送給唐善德這位大人物，唐善德讀後大爲佩服，乃重金聘請史密斯當其繼子的導師，讓師徒兩人遊學歐洲數年，在此期間孕育了《原富》。由此可知《道德情感論》之重要，它比《原富》更根本。

一、《道德情感論》出書沿革

《道德情感論》初版於一七五九年問世，其後歷經五次修訂改版，第二版發行於一七六一年，第三版在一七六七年，第四版在一七七四年，第五版於一七八一年，最後一版（第六版）則於一七九〇年發行，史密斯也在這一年撒手人寰。

第二版的修訂內容主要是回應一些研究哲學同好的批評，澄清一些關鍵性的概念，特別是同情感的性質。第三、四、五版和第二版幾乎相同，但第六版則有大幅度的增訂，如史密斯在該版新增的〈告讀者〉中所言，主要的增訂部分在第一篇第三章第三節（〈論欽佩富貴與藐視貧賤的心理傾向腐化我們的道德判斷〉章節全部都是新增）、第三篇第一章第四節（主要討論史密斯所謂「存在我們心中的那位公正的旁觀者」或一般所謂的「良心」之形塑過程與運作原理）、第六篇（〈論好品格〉，全部新增）、第七篇第四章有關義務與誠實的段落，以及把前幾版中散見於全書各處有關斯多亞哲學的段落大部分整併到第七篇第二章。第六版（最後一版）的增訂，顯然是史密斯在一七七六年寫出了《原富》之後，長期深思熟慮其個人豐富的人生閱歷與公職服務經驗，以及同樣豐富的歷史學識後，所得到的結果。

二、《道德情感論》全書內容

第六版的《道德情感論》全書分成七篇，第一篇〈論行爲的合宜性〉，再分成三章，第一章論合宜感；第二章論各種情感合宜的程度；第三章論處境的順逆對人類評論行爲合宜與否的影響。

第二篇〈論功勞與過失；亦即，論獎賞與懲罰的對象〉，也分爲三章，第一章論功過感；第二章論正義與仁慈；第三章論運氣如何影響人類對於行爲功過的感覺。

第三篇〈論我們品評我們自己的情感與行爲的基礎，並論義務感〉，此篇沒分章，共有六節，第一節論自許與自責的原理；第二節論喜歡受到讚美，相對於喜歡値得讚美，並論害怕受到譴責，相對於害怕應受譴責；第三節論良心的影響與權威；第四節論自欺的性質，並論概括性規則的起源與應用；第五節論概括性道德規則的影響與權威，以及這些規則應當被視爲神的法律；第六節論在哪些情況下，義務感應當是我們唯一的行爲原則，以及在哪些情況下，它應當獲得其他動機的讚許。

第四篇〈論效用對讚許感的影響〉，本篇只有兩節，第一節論合用的外表賦予所有工藝品的美，並論這種美的廣泛影響；第二節論合用的外表賦予人的性格與行爲的美，並論這種美在何等程度內，可以被視爲讚許該性格或行爲的一個根本要素。

第五篇〈論社會習慣與時尚對道德讚許與譴責等情感的影響〉，本篇也只有兩節，第一節論社會習慣與時尚對美醜概念的影響；第二節論社會習慣與時尚對道德情感的影響。

第六篇〈論好品格〉，分成三章，第一章論個人的性格中，影響其自身幸福的那一面，或論審愼；第二章論個人的性格中，影響他人幸福的那一面；第三章論克己。

第七篇〈論道德哲學體系〉，分成四章，第一章論道德情感的理論應該探討的問題；第二章論各種說明美德之性質的學說；第三章論各種關於讚許之原理的學說；第四章論不同的作者處理道德實務規則的方式。

《道德情感論》在一七九〇年發行的第六版（最終版本），已由謝宗林先生在二〇〇七年一月譯成中文出版，如第三章中提過的，謝先生被認爲是翻譯史密斯名著的最適當人選，他也因爲譯出的《道德情感論》，在二〇〇九年十一月應邀到上海參加《道德情感論》出版兩百五十週年紀念論壇。謝宗林以《道德情感論》爲中譯本書名，捨棄爲人熟知的《道德情操論》，他認爲情「感」較爲貼切。我們或許會以爲這本書難銷，實情是：中譯本不但賣相佳，而且是「長銷」，沒有時效的問題。眾所周知，中國前總理溫家寶對《道德情感論》贊譽有加，不論其動機如何，應對銷路有助益。

亞當・史密斯剛開始在格拉斯哥大學的課堂上（當時上這門課的學生主要是年齡在十三至十四歲的蘇格蘭貴族子弟）講授他的道德哲學時，他的講義很可能是從收編在《道德情感論》第七篇裡的一些論述開始的。例如，該篇第一章第二段說道：「在論述道德原理時，有兩個問題需要考慮。第一，美感或美好的品行究竟是什麼？或者說，是什麼格調的性情，和什麼取向的行爲，構成卓越和值得稱讚的品行，構成那種自然受到尊敬、推崇與讚許的品行？第二，這種品行，不管它是什麼，究竟是被我們心裡面的什麼能力或機能推荐給我們的，令我們覺得它是值得稱讚的？或者換句話說，究竟透過什麼機制，以及怎麼運作，以至於我們的心靈會喜歡某一種行爲取向，而不喜歡另一行爲取向；會把前者稱爲是對的，而把後者稱爲是錯的；會認爲前者是受讚許推崇與獎賞的對象，而後者則是該受責備、非難與懲罰的對象？」便很適合作爲全書導論的第一段話。

謝宗林建議讀者可從此處開始閱讀這本書，好處是：可以很快地對全書的討論架構有一粗略的鳥瞰。壞處是：直接閱讀這部分可能會覺得枯燥乏味。謝宗林提醒讀者注意，史密斯在第一至第五版對前述第一個問題並未詳述他個人的看法。這一項缺憾直到第六版增訂了第六篇之後，才獲得補正。少了第六篇關於實務上什麼是好品格的論述，所以是一項缺憾。按照史密斯的說法，是因爲「第二個問題的答案，雖然在理論上極爲重要，但在實務上卻是一點也不重要。那些探討美德之性質的研究，必然會對我們在許多特定場合的是非對錯觀念產生影響。但，那些探討讚許之原理的研究，卻不會有這種效果。探討那些不同的念頭或感覺來自於我們心中的什麼機關或能力，純然只是一種哲學上的好奇。」（第七篇第三章的導論）

史密斯把我們心中運作的那些促使我們讚許或非難任何品行的機關或能力，比做決定各個天體運動的萬有引律，不管各個天體知不知道有萬有引力，它們仍舊受萬有引力的牽引運動，所以，我們知不知道那些機關或能力，都不會妨礙那些機關或能力的運作。史密斯自謙出於「哲學上的好奇」所嘗試建立的那個以同情爲基礎的理論主張：「當我們讚許任何品行時，我們自己所感覺到的那些情感，……來自於四個在某些方面彼此不同的源頭。第一，我們對行爲人的動機感到同情；第二，我們對因他的行爲而受惠的那些人心中的感激感到同情；第三，我們觀察到他的品行符合前述那兩種同情通常遵守的概括性規則；最後，當我們把他的那些行爲視爲某一有助於增進個人或社會幸福的行爲體系的一部分時，它們好像被這種效用染上了一種美麗的性質，好比任何設計妥善的機器在我們看起來也頗爲美麗那樣。在任何一個道德褒貶的實例中，扣除了所有必須被承認來自這四個原理的那些道德情感後，我將很樂意知道還有什麼情感剩下來。」（第七篇第三章第三節第十六段）

史密斯大體上在本書第一篇說明前述的第一個源頭，在第二篇說明第二個源頭，在第三篇說明第三個源頭，在第四篇說明第四個源頭。第五篇說明與評估社會習慣與時尚，對我們的同情感或我們的道德判斷的影響與扭曲。史密斯認爲社會習慣與時尚對道德判斷的影響，比較嚴重的僅限於少數幾個特殊與過時的習俗，至於對一般品行風格的影響不是很大。

眞正對一般品性風格的道德判斷有重大影響的，也許是欽佩富貴與藐視貧賤的心理（第一篇第三章第三節）、敵對的黨派鬥爭（第三篇第三節第四十一、四十二與四十三段）與宗教狂熱（第三篇第六節第十二段）等等，嚴重妨礙與扭曲同情感運作的情況。

在好幾處地方，亞當．史密斯顯然是在暗示，《道德情感論》是立法者必修的一門課，亦即他所謂「自然法理學」（Natural Jurisprudence）的先修課程。他認爲，「所有角色中那最偉大與最高貴的角色，（是）偉大的國家的改革者與立法者，（他）以暗藏在那些被他建立起來的制度裡的智慧，在他身後連續許多世代，確保國家內部的平靜和同胞的幸福」（第六篇第二章）；但，要在他所建立起來的制度裡暗藏智慧，一個立法者顯然必須自己先學得智慧，亦即，一個立法者必須對人性在各種不同的制度規範與引導下會產生什麼樣的行爲與後果，有深遠與廣泛的了解。

譬如，他必須分辨仁慈與正義的美德，「仁慈總是自由隨意的，無法強求……（但正義）不是我們自己可以隨意自由決定是否遵守的，而是可以使用武力強求的」（第二篇第二章第一節）。正義的規則與其他美德的規則的區別是，「正義的規則是唯一精密準確的道德規則，所有其他的道德規則都是鬆散的、模糊的，以及曖昧的；前者可以比作文法規則，後者可以比作評論家對什麼叫文章的莊嚴優美所定下的規則，比較像是在爲我們應該追求的的完美提示某種概念，而不是什麼確實可靠的、不會出錯的指示，供我們用來達成完美」（第七篇第四章第一段）。因此，立法者的首要責任是制定或恢復正義的法律；至於立法「迫使……人民遵守一定程度的合宜性，互相親切仁慈對待」，有時候也許是可以做到的，「然而，在立法者的所有責任當中，也許就以這項工作，若想執行得當，最需要大量的謹慎與節制了。完全忽略這項工作，國家恐怕會發生許多極其嚴重的失序與駭人聽聞的罪惡，但，這項工作推行過了頭，恐怕又會摧毀一切自由、安全與正義」（第二篇第二章第一節）。

由於各種歷史偶然的因素阻礙自然的正義情操充分發揮影響，「各個制定的法律體系，作為人類在不同時代與國家的情感紀錄（這句話隱含某種「法律不外人情」的意思，因此，研究人情義理的《道德情感論》應有助於研究法律與政府的一般原理。研究那些原理在不同的時代與社會發展階段，所經歷過的各種不同的變革，不僅在有關正義的方面，而且也在有關公共政策、公共收入、軍備國防，以及其他一切法律標的方面，具有鑑往知來的作用），固然應當享有最大的權威，但絕不能被視為是什麼精確的自然正義規則體系」。「法律學者針對不同國家的法律體系內各種不同的缺陷與改進，所作的評析，應該……導致他們把目標放在建立一套或許可以恰當地稱作自然法理學的體系，亦即，建立一套一般性的法律原理，這套原理應該貫穿所有國家的法律體系，並且應該是那些法律體系的基礎。」

史密斯立志對這個目標作出貢獻，在一七五九年《道德情感論》第一版的最後一段承諾說，他「將在另一門課努力說明法律與政府的一般原理，說明在不同的時代與社會發展階段，所經歷過的各種不同的變革，不僅在有關正義的方面，而且也在有關公共政策、公共收入、軍備國防，以及其他一切法律標的方面。」（這三段引文全都摘自第七篇第四章）他在一七七六年出版的《原富》中，部分履行了這個承諾，至少就公共政策、公共收入與軍備國防的部分而言。可惜，剩下的有關正義的法律原理部分，他生前未能完成。

三、《道德情感論》的精義

《道德情感論》的中譯本，其篇、章、節的名稱如上文所示，而施建生（一九一七—）教授將全書的精義歸為四項：

其一，「同情是道德判斷的根源」：史密斯開宗明義就提出「同情」（sympathy）是對人類社會活動中各種行為所作的道德判斷之根源。他用同情這一觀念來解釋兩種不同的道德判斷：第一種是關於行為之適宜與否的判斷，也就是對於一種行為之對或錯的判斷。第二種是關於行為之功或過的判斷，也就是對於一種行為應加以讚許或責備的判斷，或者應加以讚賞或懲罰的判斷。

史密斯認為第一種判斷是對於行為人之動機是否同情所產生的結果，舉例來說，如果我看到張三在幫助一位跛腳的老婦走過馬路，我同情他的仁慈，結果認為這是適當的行為。如果我是他，我也會這樣做，這就是第一種判斷。同時，我發覺這位老婦對張三這種行爲很表感激而我也有同感，我就感覺到這種行爲是値得讚許的。這就是第二種判斷。另一方面，如果我看到李四將一隻妨礙他行走的貓踢開了，我就認爲李四這種因受到一點侵擾，就做出如此粗暴的反應太過分了，而有反感，這就是第一種判斷。同時，我也看到那隻貓因而感到憤怒而表示同情，認爲李四這種反應應予以譴責，這就是第二種判斷。

對於上例中之「我」的反應，亞當．史密斯就提出一個「旁觀者」（spectator）的概念來表示一般的情形。上例中的「我」就是旁觀者，旁觀者對於張三的反應表示同情，如果他自己亦處於張三同樣的境況，他也會這樣做，對於老婦的反應，他也表示同情。如果他自己處於老婦的情境，他也會表示謝意。同樣地對於李四的反應，旁觀者則表示反感，如果自己也處於同樣的境況，也就不會這樣粗暴，對於貓所懷的憤怒，他也會有同樣的反應。由此可見，在史密斯心目中，同情是與每個人意想力的發揮不可分的。

同情可以促使社會團結，這在將同情一詞作爲最普通解釋的情形之下，顯然是確實的，例如：當我們看到別人感到哀傷或需要幫助時，我們就會前去安慰或協助。這種同情促成了我們分擔別人感受的責任意識，是我們所採取行爲的動機。在亞當．史密斯的心目中，同情是以另一不同的方式發揮了它促進社會合群的功能。

每個人，或者說差不多每個人，都會因得到別人的讚許而喜悅，都會因得不到別人的讚許而難過。我們從經驗中都可獲知，如果自己對某種情況的感覺及反應，與旁觀者對同樣的情況所表達的感覺及反應一致時，就會得到他們的讚許，反之，則否。這時我們爲了得到他們的讚許，就會設法加以改正自己的感覺及反應。例如，如果我們對於某件事感到哀傷超過了一般旁觀者所感到的程度，我們以後就會設法自制。

這種行爲人與旁觀者在對事件的反應之所以有所不同，一部分是由於各人的天性都有差異，另一部分也是由於對於他人之反應如何，如上所述，都是憑個人的意想而形成，而意想的狀況畢竟不是實際的狀況，其間的差異自然不可避免。但是，如果經過一番努力改正，兩者的差異必可減少，減少到足以維持社會的和諧。

我們已說明史密斯以旁觀者的觀點，來判斷他人之行爲與性格的理論，接著要問的是，我們又如何來判斷我們自己的行爲與性格呢？對此一問題的答案是構成史密斯的倫理理論之最原創性與最精緻的部分。就史密斯來看，我讚許或不讚許我自己的行爲，是設想自己是居於旁觀者的地位來進行判斷。再舉上面提到的李四反應不當的例子來說，假定我自己是李四，再假定我也會像李四那樣，因爲一隻貓妨礙我的行走，就將牠踢開，我就會對自己說：「不，不能這樣，這樣做是錯的。」史密斯認為「我」在道德上所作的這種判斷，就是由於旁觀者會作這種判斷的結果。

如果說史密斯的理論只是如此而已，則顯得太簡單了。畢竟旁觀者也是人，也會犯錯的。他們可能不知道許多有關的事實，可能會誤會他人的動機，史密斯認為，這時行為者本人所了解的相關事實，也許要比旁觀者多，他自己是對自己行為之較好的判斷者。不過，他自己也會依據自己的利益而對相關的事實之了解有所不足，這時他必須使自己不為自己的利益所侷限，而做為一個「公正的旁觀者」（impartial spectator）。為了避免自欺，我們應該設法「以他人看我們的那種眼光，或者以他人知道全部事實時，將會用來看我們的那種眼光，來看我們自己。」但是這仍會是事實——我們可能相信實際的旁觀者的判斷，是受到對於有些相關事實之未知而形成的，認為不很美滿。

史密斯說，儘管如此，我們仍要使自己做到是一位完全不牽涉到自己的理想的公正旁觀者，來下我們的道德判斷。如果我們發覺那位想像中「在我們自己胸懷中」的公正旁觀者，會對我們想要做的事，或者對我們已經做了的事，表示同情，我們就會贊同，如果那位想像中的公正旁觀者不表同情，我們就會不贊同。公正的旁觀者就成爲我們行爲的引導。

所以，在亞當·史密斯的倫理學中，同情以及盼能受到他人讚許的願望，就使我們「要多爲他人著想，而少爲自己著想」、「要克制我們的私心，同時要發揚我們的仁慈」、「這樣才是至善至義的人性」。「而且只有這樣才能在人間產生情緒與感受上的和諧，其中充滿著所有的仁慈與妥適。正如我們必須像愛我們自己那樣地去愛我們的鄰人，是基督教偉大的律規，我們愛我們自己的程度，必須只能像我們愛我們的鄰人那樣，或者同樣可以這樣說，我們必須只像我們的鄰人能夠愛我們的程度來愛我們自己，是自然女神給我們的偉大教訓。」

以上就是亞當·史密斯所建立的，以同情爲基礎的理論的大要。他認爲同情心就像萬有引力激發天體自然運行那樣，將人類社會結成一個整體而和諧的運行。這種同情心的產生不是來自於人的理性，而是來自自然女神的賦予。「當她爲社會創造人時，就賦予他一種原始的願望，要他去取悅他的同胞。」正如史密斯在《道德情感論》一開頭就說的：「不論人是如何地自私，在他的本性中顯然有些原則，使他對他人的幸福表示關心，使他們幸福是他所切需的，儘管他除了看到他們幸福之外，並沒有得到什麼。」

其二，「正義是社會秩序的基石」：亞當．史密斯認爲，人是一種積極的自我關注的動物。人有許多合情合理的追求目標，例如：重要的財富，自應任其積極地去追求。但在追求過程中，就可能會傷害他人的利益，這就應予以防止。那麼如何防止呢？這主要的就是要訂立一些合乎道德的行爲規則，希望大家遵守。這些規則又如何訂立？這就是根據各人的經驗綜合而成。

史密斯說：「一般性的道德規則是這樣形成的——它們最後是根據我們的道德修養與對行爲之功過，以及適宜性的自然意識，在各種事例中所作之讚許與否的經驗而建立的。我們當初之所以讚許或譴責某些行爲，不是因爲經過檢視後顯示它們不符合，或違背一般性之道德規則的某一條。相反的，一般性的原則是從對所有屬於某類的行爲，或者在某種情況之下所發生的行爲，所做之讚許與否的經驗中產生的。」

這些規則就提供了各人能在所有不同情況之下，評斷行爲的標準。大家都會遵守它們，以求獲得社會的讚許與上蒼的維護。這些規則的本身就有不同的性質，其中涉及正義的規則就「正如文法中的規則，其他的道德規則正如評論者爲了達到文章的優美所立的規則。前者是簡明的、準確的與不可省略的，後者則爲鬆散的、含糊的與不確定的。」

正義的規則無疑是社會中不可缺少的，因爲史密斯認爲，「雖然自然女神勸勉人類要多多爲善行仁，她沒有想到如果沒有做到，就要實施暴力予以懲罰。仁慈是增添社會建築之光彩的裝飾品，不是支撐社會建築的基礎。所以，只要建議實踐仁慈就可以了，不必強求。相反的，正義則爲支撐整座建築的主要棟樑」、「沒有仁慈，社會仍可存在，雖然不是存在於最舒適的狀態。但是沒有正義，必定會使社會全部毀滅。」

史密斯還進一步指出，社會秩序之必須具備的先決條件是，體現正義規則的成文法，並組成一個政府，由其徹底推行。因爲正義固然切要，但社會上一般人士仍有許多不能將之完全實施，他說：「由於違背正義是人們絕對不肯彼此忍受的，民政長官就不得不運用國家的權力，強制人民實施這一美德。沒有這種預防，公民社會將會變成一個流血混亂的場地，每個人每當自己認爲受到傷害時，就會以他自己的雙手爲自己報仇雪恨。」

其三，「私利是公共福祉的基石」：史密斯認爲，人生來就是要有所作爲，如不爲自己利益而努力，是爲人所輕視的。在他的心目中，雄心壯志是爲人所讚賞的，追求自利如在審愼與正義的範圍內是完全正當的。他說：「人類比較容易同情我們的喜悅，不易同情我們的悲傷。所以我們傾向於誇耀我們的財富，而掩藏我們的貧窮。……我們之所以追求財富，避免貧窮，主要的就是因爲考慮到人類有這樣的感受。不然活在世界上，所有這樣的忙碌辛勤地工作又是爲了什麼？所有貪婪與野心，所有財富、權力與地位的追逐，其所要達成的目的又是爲了什麼？……由而在人間產生相互競爭的現象，大家都希望能改善自己的生活，結果所能得到的利益又是什麼？我們希望能由而得到的所有利益，是吸引他人能以同情、滿意、讚許的態度來觀察我們、禮遇我們、重視我們。這是虛榮，不是舒適或享樂。但虛榮總是建立在相信這樣我們會得到他人之注視與讚許的基礎上。」

另一方面，史密斯也感到世界上還有無數人需要得到實際的財富才能維生，於是他提到富人創造的財富，除了對富人會發生以上所述的情形外，還會產生另外一些利益。當人們看到富人的壯麗大廈或者名牌汽車時，就會羨慕生活於其中的人們一定會得到舒適，因此，史密斯認爲，他們會以忍受畢生的困苦去辛勞地工作，以期亦能獲得這樣的享受。

同時，這也會驅使我們對於學術與藝文的生活有所改進。史密斯說：「正視這種幻想激起他們去墾植土地、建造房屋、創立城市與國家，去發展與改進所有的科學與技術，以改善人類的生活，正是這種幻想完全改變了整個地球的面貌，將荒漠的原始森林變爲可耕的肥沃平原，使荒蕪且不結果實的海洋，成爲供應生計的新資源，與通達全球各國的快捷大道。」

富人所獲得的財富雖然甚多，但他們眞能花費的則仍有限，史密斯說：「富人只不過能從一大堆物品中挑選一些最珍貴的與最適宜的。他們所消費的只比窮人多一點，儘管他們生性自私與貪婪。雖然他們只顧自己的便利，雖然他們僱用數千萬人所要達到的唯一目的，只在滿足他們那些無謂的貪求、無厭的慾望，但他們終究還是與窮人分享所有他們改進而獲得的成果。他們是聽由一隻看不見的手引導，幾乎將生活必需品分配得正像將土地平分給所有人一樣，而在毫無用心地、不知不覺地增進了社會的利益。」這是不是追求自利正成全了公益的增加？自利也就這樣成爲公共福祉的基石。

其四，「美德與美好社會的組成」：討論道德的起源與性質之後，亞當·史密斯就對於一個眞正有美德的人，所必須具有之品格加以確定。他認爲這可從兩方面來看，一方面是影響他個人幸福的品性，另一方面是影響他人幸福的品性。前者是「審慎的美德」（virtue of prudence），後者是「正義的美德」（virtue of justice）與「仁慈的美德」（virtue of beneficence）。除以上三項之外，「自制」或「克己」（self-command）也相當重要，雖然它並不常常是一種行善的力量。

「審慎」是攸關個人健康、財富、地位與名譽的德性，因爲這些都是一個人的幸福之所寄。「正義」是要我們注意不要傷害別人，這是社會生活賴以持續所切需的。「仁慈」是要增進他人之幸福，以改善社會生活，這是不能強求於人的，但人如能發揮這種品德，當爲他人所銘感。「克己」是將我們的激情加以約束，例如：恐懼可能會壓制我們的忿怒，但當我們不感到恐懼時，則忿怒仍會爆發。如果有人將自己受到傷害這件事告訴他的同伴，而他的同伴對這件事的反應則不像他那樣忿怒，比較溫和。經過了這樣的過程以後，他就會不再反應如此激烈，而知所約束了，這就是自制或克己的意義。

我們都有一種自然的傾向——最關心我們的利益，其次是我們自己家庭的，然後是我們朋友與其他熟人的。我們對於自己國家利益的關心，也超過對其他各國。但是，史密斯認爲仁慈是沒有界限的，因爲人類比個人更重要，一個眞正有德性的人應該爲全世界之更重大的利益而犧牲，雖然事實上是不易辦到的。

自然女神事實上是鼓勵個人去承負自我犧牲的工作，我們也敬仰人們克己而從事這種犧牲。但是人會爲善良的事務而犧牲，也會爲了不善良的事務而犧牲。英雄的克己精神可能變爲狂熱份子之剛強的決心。

對於人類的愛不同於對國家的愛。對於國家的愛牽涉到對一國之組織與憲法的尊重與崇敬，以及對於我們同胞之幸福的熱烈追求，通常兩者都是可以同時達到的。但在發生政治動亂時，兩者則可能相互衝突，在這種情形之下，政治人物將會提出一些全面改革的建議。他們會不顧原有制度已提供的利益而主張將之推翻，另提出一種合理的制度，但這是違背人性的。

史密斯說：「熱衷理論體系的人……都認爲自己的識見非常高明，往往非常醉心於他自己那套政府的理想計畫，認爲非常美滿，不能忍受任何些微的改變。他會努力將之全部建立，完全不顧反對者之巨大的利益或強烈的偏見。他似乎認爲，他能將一個巨大社會中的各個不同份子，像他能將不同的棋子安排在棋盤一樣的容易。他沒有考慮到棋盤上的棋子，除了被棋手如何安排它們之外，沒有其他行動的原則；但是人類社會這個大棋盤，其中每個份子都有自己的行動原則，完全與立法機關所想指點它們的不同。」

自由與自然女神對於和諧運作社會之創造所能發揮之領導才能，要比狂熱份子與幻想家之自負的理智可靠得多。我們不能放任這些人的擺佈，我們不能放棄我們的自由，這是我們大家所必須信守的理念。

以上是施建生教授所歸納的《道德情感論》之四項精義。值得一提的是，本經典中譯者謝宗林先生也在東吳大學兼任教授經濟思想史，他所傳佈的是奧國學派米塞斯、海耶克和亞當．史密斯等人的思想。而這些思想家抱持的是自由放任、自由市場觀點，或是一般認為的資本主義（純正的）。自工業革命以來，貧富懸殊、資本家剝削勞動者就被廣泛渲染，窮人的生活被描繪得甚為悲慘。在二十一世紀的今天，低薪、百分之一富人相對百分之九十九低所得的極度所得分配不均受到全球關注，年輕人對於低薪、貧窮甚感恐慌，謝宗林的一位學生在課堂上提問說：「在資本主義社會裡，窮人怎麼辦？」謝宗林建議他讀一讀《道德情感論》第四篇。如上文介紹過的，該篇篇名是〈論效用對讚許感的影響〉，只有兩節，一是論合用的外表賦予所有工藝品的美並論這種美的廣泛影響，二是論合用的外表賦予人的性格與行為的美，並論這種美在何等程度內可以被視為讚許該性格或行為的一個根本要素。

在該篇中，史密斯區分我們的兩種感覺（或情感）：我們站在我們的立場對我們自己的處境的感覺，以及我們站在旁觀者的立場對我們自己的處境的感覺。必須注意的是，我們每個人原則上都能在這兩種感覺之間轉換；當然，這種轉換的難易，或者說換位感覺的能力，以及在每種感覺上堅持的程度，可能因人而異。我們「克己」的功夫愈好，愈能站在旁觀者的立場感覺我們自己的處境，也愈能堅定保持和旁觀者的感覺一致，而我們的感覺（或情感）支配我們的行爲。

亞當・史密斯斷言，當我們站在我們自己的立場看待手段時，我們會比較看重手段，譬如室內椅子的擺放位置、手錶、邸第、家僕、馬車、良田、財富等的實際效用；當我們站在旁觀者的立場，我們會比較看重手段本身的合適性（或合宜性），比較容易忽視手段產生的實際效用。史密斯接著斷言，當我們站在旁觀者的立場看待手段時，手段的合宜性所折射的美，往往比我們站在我們自己的立場看待手段時，手段的實際效用所折射出的更爲壯觀、可喜。在史密斯所舉的那個窮人家小孩追求財富的例子，當事人就是站在旁觀者的立場來看待他自己畢生所追求的財富，這時，在當事人（以旁觀者的眼光）看來，財富的價值遠大於當事人自己爲財富所付出的犧牲；然而，在當事人年老體衰，想像力回歸、限縮於自身，不再「迷失」於旁觀者的感覺時，當事人就會覺得不值得爲財富而放棄自己年輕時唾手可得的安逸。

以上是史密斯這位道德哲學家對於人們爲什麼具有熱衷追求財富之心理的「了

解」，對於窮人、年輕人來說，很可能不認同這樣子的「了解」。那是因爲現代人對於「同情」、「同理心」已無法體認，於是「貧窮問題」一直無法紓解，而「窮人」也就愈來愈多。其實，我們應問：「我們了解窮人（或貧窮）嗎？」二〇一五年諾貝爾經濟學獎得主安格斯．迪頓（Angus Deaton, 1945-）教授，就是對福祉與減少貧窮的經濟政策之傑出研究而得獎，他在二〇一三年出版的《財富大逃亡：健康、財富與不平等的起源》（*The Great Escape – Health, Wealth, and the Origins of Inequility*）一書是其代表作。迪頓從他自身家庭的跳脫窮困經驗下筆，在書中探討健康與財富如何攜手並進，以及健康上的不平等反映出的財富不平等。他指出，我們很容易認爲逃脫貧窮與金錢有關，亦即只要有更多錢，就不必持續焦慮是否足以應付明天的種種，或是擔憂急難產生時，手中沒有足夠的支應現金，導致全家人陷入愁雲慘霧中。但同樣重要的、甚至更重要的是健康。縱觀歷史及現今世界，孩子罹病、早夭、成人病痛不斷，以及永遠折騰人的貧窮，都經常造訪同樣的家庭，且一而再，再而三地出現。迪頓由個人的行爲和人們行爲的差異出發，不是由龐大的統計數字中得出定理，他從家戶（household）中取得資料，由這些貼近個人行爲的資料探索出解決貧窮的方法。

儘管迪頓的研究較理想，但仍是以靜態的調查資料爲基礎，得到的結果還是無法眞實反映出窮人的生活狀況，由此而推導得出的公共政策恐怕會是隔靴搔癢，不但解決不了問題，還很浪費資源，甚至於會惡化問題呢！讀這本琳達・提拉多（Linda Tirado）著作，二〇一四年出版的《當收入只夠塡飽肚子》（*Hand to Mouth: The Truth About Being Poor in a Wealthy World*）之後，就可明白。

缺同理心政策失敗

這是以第一人稱的窮人本身描述貧窮人的眞實生活，談窮人的所得、工作、醫療、生育、娛樂、社會福利等。讀了前兩章，我腦中浮現《蘋果的滋味》影片中窮人主角咬了一口蘋果那種無法形容的滿足感，告訴我們窮人的幸福快樂很容易得到，他們的慾望很低。再繼續讀下去，我的腦中又浮現「從臺北看天下」、「天龍國」這些臺灣人民耳熟能詳的話語，意思是有錢人或高尚的人都以自己的立場或生活方式來評價低所得民衆，也就是晉惠帝「何不食肉糜？」的情況，而馬英九前總統時常埋怨的「你不懂我的好意」就是最眞實的反映。他在臺北市長任內的「建成圓環改建」失敗更是最典型例子。我們不懷疑他的好意，但沒有同理心地由上位者規劃出自認爲理想的方式進行改建，結果是與居民的生活脫節而成爲蚊子館，其他的例子不勝枚舉。

「鄉下人沒知識」等歧視窮人或低層、下流社會階層者的話語及事件司空見慣，反映出有錢人認爲自己的生活方式比較高貴、比較理想，於是要求政府實施社會福利政策來拯救窮人，甚至強制窮人向有錢人的生活看齊。由這本窮人心聲的書，我們就會得知爲何往往「事倍功半」，甚至會有「好意鋪成通往地獄之路」的下場了。這本書也鮮活反映出好的政策、好的規劃，卻因爲「執行者」缺乏同理心，導致傷害到求助者的尊嚴且政策失敗。制定政策者與執行者缺乏同理心、愛心，往往在不經意間做出傷害當事人尊嚴的舉動。這本眞實反映窮人心聲和生活的書，正是一針見血地表達出問題所在。

亞當・史密斯在兩百多年前就明白告訴我們要發揮同情、同理心，設身處地站在當事人立場感受，否則錯誤政策是沒完沒了的，無怪乎史密斯希望立法者要好好閱讀《道德情感論》，而貧窮問題則需在書中第四篇取經！

四、《道德情感論》和《原富》之關係

如何看待亞當·史密斯投注畢生心血、在生前數次輪流修訂充實的《原富》和《道德情感論》這兩本書之間的關係，從十九世紀中葉起，也就是在《道德情感論》首版發表約一百年後，迄今一直是某些經濟思想史學者在所謂「亞當·史密斯眞的有問題嗎？」（Das Adam Smith Problem?）的標題下，所爭論的問題。

《道德情感論》以人性中固有的同情心（sympathy）和凡人皆多少企望自己値得讚揚，說明某些品行之所以被稱許爲美德的道理。被稱許爲美德的品性，包括其功能主要是利己的審愼（prudence）、其功能主要是利他的正義感（justice）和仁慈行善（benevolence or beneficence），以及所有美德都不可或缺的要素——克己（self-command）。而《原富》則主要是從人人利己的動機出發，在法律認定並保障的正義基礎上，演繹、剖析商業社會的發展與後果。在這種社會裡，仁慈行善的利他美德似

乎杳無蹤跡。因此，有些學者，特別是十九世紀德國歷史學派的經濟學者認爲，要不是亞當．史密斯在寫完《道德情感論》後到法國遊歷，受到當時法國唯物主義思潮的影響，放棄了以同情心爲基礎的美德哲學，轉而接受純粹利己的人性論，否則就是亞當．史密斯本人的思想體系存在一個「根本的」矛盾。

亞當．史密斯的思想體系是否存在矛盾？

對於這樣的批評，當今的學者一般認爲過於膚淺粗糙。他們認爲，人性中利己與利他成分實際並存，兩者的關係即使有「根本的」矛盾，並不表示如實論述此一矛盾現象的亞當．史密斯本人的思想矛盾。然而，即便亞當．史密斯本人的思想體系沒有「根本的矛盾」，但是對於自由競爭的商業社會中，由於欠缺足夠的仁慈善行而可能導致的「許多極其嚴重的失序與駭人聽聞的罪孽」（見《道德情感論》第二篇第二章第一節第八段），《原富》似乎沒給予充分的注意。這不能不算是一項重大的缺憾。

「同情心」不等於「利他精神」

「同情心」不是「爲他人」著想的心。是看到別人幸福，我們也覺得幸福的心。

不是「爲了」看到別人幸福，而會犧牲自己的幸福。只有這樣的「同情心」不見得會犧牲自己的幸福，去成就別人的幸福；不見得會行善於人，因爲自己看到別人痛苦而感覺到的痛苦，不見得大於爲了消除這痛苦而犧牲自己利益，讓自己感覺到痛苦。古羅馬法律文獻稱，女性很少慈善捐獻。一般來說，女性比較仁慈，女性的同情心比較敏感，女性看到別人痛苦，比男性更容易自己也感到痛苦；看到別人受傷害，比男性更容易自己也感到憤怒；女性看到別人快樂，比男性更容易自己也感到快樂。但是，一般女性比男性不慷慨，比較少慈善捐獻；男性比較慷慨，比較會犧牲自己，克制自己，成就他人。不過，這也可能反映了女性可支配財富較少，捐錢使她們受的苦高於男性而已。

慷慨的人，是一個有克己美德的人；克己的人，凡事以公正旁觀者的情感操持自己的情感，會愛己如人，會以公正的旁觀者愛他的程度愛他自己，比較不覺得自己的犧牲痛苦，所以，比較會犧牲自己的利益來緩解自己看到別人痛苦而感覺到的痛苦。然則一個有「克己」美德的人，是否就凡事「利他」、有「利他精神」呢？如果「利他精神」是指爲了他人的利益而無私地付出，則即便是有克己美德的人，也不算是有「利他精神」，因爲即使他不是以自我中心的觀點，而是以公正旁觀者的觀點在愛自己，但畢竟他還是愛了他自己，不是純粹無私的；雖然和一般人相比，他看似比較會爲別人著想而不計個人利益地爲別人付出。

注意道德原則只講心意、不講行爲實效的流弊

《道德情感論》第二篇第三章引言指出，道德判斷原則上偏重行爲根源的情感或行爲動機，而不計較行爲的實效，並稱當我們置身個別具體的狀況時，行爲的實效對我們的道德判斷實際上卻有影響，是一種普遍的道德情感出軌現象（irregularity）。同章第三節說，這出軌現象，是培養美德的一大障礙，然而，卻是有益於人類的幸福與完美。

亞當·史密斯指出，這出軌現象有其消極面的效用。由於有這出軌現象，我們的感覺、思想與意圖才不會變成（衆人或統治權威）懲罰的對象；個人在日常生活中也才有安全感。「如果只要有傷害的意圖，或惡毒的情感，便足以引起我們的怨恨，那麼，對每一個我們懷疑或相信他心裡懷有這樣的意圖或情感的人，我們必定會感到滿腔怒火難抑，即使那些意圖與情感從未化爲任何實際的行動。如果人類對它們所感到的義憤，和對實際行爲所感到的義憤一樣地高亢，感覺、思想與意圖，將變成懲

罰的對象；如果世人對於尚未付諸行動的惡劣思想，似乎和惡劣的行爲一樣地高聲要求報復，則每一個司法審判庭都將變成實質的宗教審判庭。每個人，不論他的言行舉止再怎麼無辜與謹慎，都不會有安全。因爲人們或許還會懷疑，他懷有邪惡的願望、邪惡的期待，以及邪惡的意圖；而只要這些願望、期待或意圖引起和邪惡的作爲一樣的義憤，只要邪惡的意圖受到和邪惡的行爲同一程度的怨恨，那麼，他仍將遭到同樣的懲罰與怨恨。……（而）『人類在今生只應當爲他們的行爲而受罰，絕不應當爲他們的意圖而受罰』，這個必要的正義原則，就是建立在人類的功過感中有這麼一種有益且有用的感覺出軌上，儘管乍看之下，這種感覺出軌是這麼的荒謬悖理與不可思議。……（然而）在人類的軟弱與愚蠢中，也有神的智慧與仁慈，值得我們欽佩。」（《道德情感論》第二篇第三章第三節第二段）

亞當・史密斯還指出，「這種出軌的感覺本身也不是完全沒有（積極面的）效用」。它勸戒每個人「不可以自滿於懶惰消極的善良……不可以因爲他由衷祝禱全世界幸福，就自以爲是人類的好朋友……（必須）鼓起他全部的精神與元氣……繃緊每一根神經，以便（在他自己和他人的外在環境中，促成各種似乎最有利於全人類幸福的改變）……除非他實際達到了（這）目的，否則他自己以及全人類，對他的所作所

爲，是不可能完全感到滿足或給予充分讚揚的。」（《道德情感論》第二篇第三章第三節第三段）

道德判斷傾向不計較行爲實效

《道德情感論》不只一處或明或暗指陳，我們的道德判斷原則上傾向不計較行爲實效，可能滋生的弊病。在這方面，《道德情感論》和中國近四十年的改革開放前後經驗相關最密切、最值得牢記的一段論述，也許是「公德心」或「愛國情操」，因極端不顧實際效用乃至被扭曲，導致極大禍害的那一段。

「對體系的同一熱中，對秩序之美，以及對技巧與機關設計之妙的同一珍視，往往也足以使那些有助增進公共福祉的制度或設施得人歡心。當一個愛國者努力改善任何一部分公共政策時，他的所作所爲，未必是出自純粹同情那些將因此而獲益者的幸福。……然而，所有政府組織體制的價值，全在於它們是否有助於增進他們所統治的那些人民的福祉。增進人民的福祉，是它們唯一的用處與目的。不過，由於某種『體系熱』（spirit of system）作祟，以及某種對技巧與機關設計的熱中，我們重視手段的程度，有時候似乎更甚於目的，而我們所以熱心想要增進同胞的幸福，與其說因爲我們對他們的幸福與否有什麼直接的感覺或同情，不如說因為我們想要完善或改進某個美麗與井然有序的組織體系。有一些人，他們有很強烈的愛國心，但在其他方面，卻顯得對人類的情感非常不敏感。相反地，也有一些極為仁慈的人，似乎完全沒有愛國心。」（《道德情感論》第四篇第一節第十一段）

「體系熱」雖然有助於培養與支持「公德心」或「愛國情操」，但是，極端不計較實效的「體系熱」傾向，在國內政局動盪時，卻極可能造成很大的禍害。「在普通場合，我們的愛國心，似乎含有兩段不同的情操，其一是，對那個已實際確立的政體或統治型態，懷有一定程度的尊敬；其二是，真心渴望，盡我們所能，使我們同胞過著安全、體面與幸福的生活。不願意尊重法律，也不願意服從民政長官的人，不是一個公民；而不願意盡他所能增進他的同胞的全體福祉的人，則無疑不是一個好公民。

在和平寧靜的日子裡，那兩股情操通常並行不悖，導向同一行為。要維持我們的同胞生活安全、體面與幸福，最方便划算的方法，似乎顯然是支持已經確立的政體。當我們看到這個政體實際上使他們得以繼續過著安全、體面與幸福的生活時，在人民怨聲載道、黨派爭鬥不已與社會混亂時，那兩股不同的情操也許是拉往不同的方向，而甚至智者也會被攪得傾向於認為，那個就其現狀而言，顯然已無法維持公共安寧的政體或統治型態，必須進行某些改革。」（《道德情感論》第六篇第二章第二節第十二段）「在內訌的喧囂混亂中，某種熱中主義或理論體系的精神（spirit of system）很容易主動和那種以博愛為基礎，以真正關懷、同情我們的某些同胞可能遭遇到的種種不便與困苦為基礎的愛國心攪和在一起。這種熱中主義的精神通常會凌駕那種比較溫和的愛國心，主導後者的動向。」（《道德情感論》第六篇第二章第二節第十五段）

自以為聰明的熱中主義者

「熱中主義或理論體系的人……往往自以為很聰明；他往往是如此的醉心於他自己的那套理想的政治計畫所虛構的美麗，以致無法容忍現實和那一套理想的任何部分有一絲一毫的偏離。……某種概括性的，或甚至是系統性的，關於什麼是盡善盡美的政策與法律體制的理念，對於引導政治家的思想與見解，可能無疑是必要的。但是，一個政治人物，如果堅持建立，而且是堅持立刻且不顧一切反對地建立那個理念似乎要求做到的每一樣事物，那他必定常常是自大傲慢到無以復加的地步了。

這樣的堅持，等於是要把他自己的判斷樹立為是非對錯的最高標準；等於是自以爲他自己是全國唯一聰明且値得尊敬的人；等於是自以爲他的同胞全都應該委屈他們自己來配合他，而不是他應該配合他們。正因爲如此，所以，在所有政治理論家當中，就以主權國的君主顯然最具危險性。這樣子的傲慢自大，對他們來說，是極其稀鬆平常的事。他們絕不會懷疑他們自己的判斷具有無比的優越性。所以，當這些傲慢高貴的改革者屈尊降貴，沉思默察那個被託付給他們治理的國家的政體時，他們很少看到其中有什麼不對勁的事物，比得上有時候也許會反對他們的意志貫徹實行的一些障礙那樣的不順眼。他們不會把柏拉圖所提的那一則神聖的箴言放在眼裡，並且會認爲國家是爲他們而設，而非他們自己是爲國家而設。所以，他們的改革行動的最大目標，便是要消除那些障礙；便是要消除貴族階級的權威；便是要拿走各個城市與省分的特權，以及要使國內最偉大的那些個人和最有勢力的那些階級團體，變得和那些最軟弱的與最無足輕重的個人與團體一樣地無力反抗他們的命令。」（《道德情感論》第六篇第二章第二節第十五段及其後）

中國的讀者若把適當的具體人物代入前述「政治理論家君主」的位置，對於兩百多年前亞當・史密斯的意見，會不會覺得心有戚戚焉？中國在一九七八年底以前實施的是一套極端泛道德化、極端不計較成本效益、不計較實際民生福祉的愛國主義。

道德判斷應計較行爲的實效

《道德情感論》中，唯一提到「看不見的手」的那一節論述（第四篇第一節），表面上看似在批評個人追求財富的虛榮與地主的自私貪婪，實則似在點醒讀者注意，有些從純粹的道德判斷原則來看，不值得讚揚或不合宜的行爲，在某些情況下，會爲社會帶來非行爲人本意的好處。亞當·史密斯似在迂迴暗示，我們的道德判斷應該更計較行爲的實效，不要過於專注行爲的動機。這其實也是曼德維爾的《蜜蜂的預言》（*The Fable of Bees*），以「私惡即公益」（Private Vices, Public Benfits）這樣聳人聽聞的對比，揶揄當時英國人的道德觀，所想傳達的訊息。在《道德情感論》中，亞當·史密斯雖然對曼德維爾善惡不分的道德觀有極其嚴厲的批評，但是，他批評的焦點只放在，曼德維爾不該把道德的定義窄化成「一切爲人、絕不爲己」。至於迂迴指陳道德判斷偏重行爲動機、不計較實效的傾向，有其不妥之處，他們兩人的見解是一致的。

事實上，《原富》和《道德情感論》最顯著的不同，就在於前者專講怎樣的行爲有最大的實際效益，而後者專講怎樣的行爲最合宜；或者說，前者偏重行爲的物質面，而後者偏重行爲的精神面。兩書的差別不在於前者將行爲歸因於自私，而後者將行爲歸因於似乎有些利他氛圍的同情心。（本節引用謝宗林於二〇〇九年十一月參加在上海舉辦的「《道德情感論》出版兩百五十週年紀念論壇」後，反思之後發表於《經濟前瞻》的文章）

第五章

亞當・史密斯的「法理學」以及道德演化與市場秩序

上文提過，亞當．史密斯於一七五九年出版的《道德情感論》的結尾中曾表示，他以後將對國家與立法者的任務做進一步的討論。到了一七九〇年一月，在史密斯逝世前六個月，他完成了該書的第六次修改。在出版後的書的標題頁上就附了一個廣告以〈告讀者〉爲題，最後一段是這樣寫的：「在本書第一版的最後一段，我曾說，『我將在另一門課努力說明法律與政府的一般原理，說明那些原理在不同的時代與社會發展階段，所經歷過的各種不同變革，不僅在有關正義的方面，而且也在有關公共政策、公共收入、軍備國防，以及其他一切法律標的方面。』在《原富》中，我已部分履行了這個承諾，至少就公共政策、公共收入與軍備國防的部分而言。剩下的是有關正義的法律原理或所謂法理學的部分；這部分我雖然規劃了很久，迄今卻受阻於同樣的那些，直到現在一直妨礙我修訂這本著作的俗事工作，而未能完成。雖然，我承認，以我現在這麼一大把年紀，實在不太有希望能夠如我所願地完成這個重大的事業。不過，由於我尚未完全放棄原來的規劃，而且也由於我希望仍繼續負起盡其在我的義務，所以，我讓該段在三十幾年前，當我對於能夠完成其中所宣稱的每一件事沒有任何疑慮時，所發表的話，一字不變地保留下來。」

可是，史密斯終究沒能完成他的計畫，因爲在第六次修訂其《道德情感論》之後半年就去世了，而且他在感覺他行將就木時，便急於銷毀他的大部分文章，只留下自認爲極爲完整值得發表的少數論文。由於他身體虛弱，無法處理這件事，乃央請其好友布雷克和哈登代勞。他倆在推卸無效之後，總共銷毀了亞當・史密斯十六冊手稿。

幸好亞當・史密斯的學生在格拉斯哥大學上他的課程時記下的筆記留了下來，共有兩種講稿，一爲史密斯在一七六二到一七六三年所講的，另一爲在一七六三到一七六四年所講的。兩者現已合編成一冊，以《法理學講稿》（*Lectures on Jurisprudence*）出版。下文借施建生教授的整理，就法理學的意義、正義的論述，以及政策的論述三部分，予以概要說明。

一、法理學的意義

首先要說明的是，史密斯對法理學所下的定義。他說「法理學是指導民治政府之規則的理論」，又說「法理學是研究應爲所有國家之法律基礎的一般原理的科學。」又說「法理學是法律與政府一般原理的理論。」從這些定義中，我們可以知道，這些講稿對於亞當・史密斯的治理與正義的理論的建立，是很有幫助的。

整篇講稿分爲兩部分，第一部分爲正義，討論的課題頗廣，包括政府的性質與發展、憲法、國內法、奴隸制度、財產權、法庭與刑事正義。第二部分則討論政策，包括亞當・史密斯對於價格、貨幣、貿易與分工等等的思想，這些就成爲《原富》內容的一部分。

二、正義的論述

亞當・史密斯認爲，正義的目的是要防止人受到傷害，如果受到傷害就須予以補償。維護這種正義是政府所要達成的任務，那麼政府又如何能達成這種任務呢？首先就須對傷害要有明確的體認。史密斯認爲，人之所以受傷害，有三種身份，第一是作爲一個人；第二是作爲家庭中的一份子；第三是作爲國家中的一個成員。

做爲一個人，他可以在身體、名譽或財產等方面受到傷害。做爲家庭中一份子，可以是一位父親，一個兒子，一位丈夫或妻子，一個主人或僕役，一位監護人或被監護人等等而受到傷害。做爲國家的成員，則可以是一位行政首長受到抗命的傷害，或一個人民受到壓迫的傷害。

對於個人之身體上受到傷害或自由受到侵犯，是明顯可見的事實，不必再述，但個人名譽之受到傷害，亞當・史密斯認爲有幾種情形，必須特別加以說明。一種是被不實地指爲成爲憎恨或責罰的對象，如小偷或強盜。另一種是對其價值予以貶低，指其不合乎其職業所應具之水準，例如「對一位醫生，當我們努力向社會訴說他不是在將病人治好而是在屠殺他們時，他的品格就受到傷害，因爲他的事業就會受到損失。但當我們不對他的功績所應得的讚許加以充分的表揚時，則不致對他造成傷害。當我們說牛頓不是一位比笛卡兒優良的哲學家，或說教宗不是比一位普通詩人寫得更好的詩人時，我們沒有傷害牛頓或教宗。這些言詞只是表示我們沒有對他們應得的讚許充分加以表揚，但我們並沒有傷害他們，因爲我們並沒有將他們說成比他們職業中其他成員遜色。」

這些要用來保護他的身體與名譽，使他不受到傷害的權利，一般稱爲天賦的自然權利。一個人可能會在財產上受到傷害，保護這些財產使其不受到傷害的權利，則稱爲後天獲得的權利。這種權利有兩種，一爲實質的，另一爲個人的，實質利益（real right）是指對那些實際的物品占有的權利，諸如房屋、家具以及所有各種自己的貨品。個人權利（personal right）是指那些可以利用法律訴訟從一特別的個人身上爭取過來的權利，諸如債款與契約上所議定的物品，可以從某人身上追索回來。

實質權利有四種：財產權（property）、地役權（servitude）、質押權（pledge）

與專享權（exclusive privilege）。財產權是我們所有的各種物品如果消失了或者被人強制占有了，我們就有權索取回來。地役權是他人財產的負擔，例如：我們有透過他人財產的權利，或者鄰近的田中有豐裕的水而我的田中缺水，這時我就有權將之從另一田中抽輸過來。這些他人財產上的負擔就稱爲地役權。質押權包括所有的典質（pawn）與抵押（mortgage）都可以收回的權利。專享權是指某些可以獨自享有的權利，他人不許享受。例如：某一書店可以單獨銷售某一書籍，並規定一定期限，在此期限間，他人不能同時銷售。

個人權利則有三種：契約權（contract）、準契約權（quasi-contract）與侵犯追索權（delinquency）。契約權是指簽約者必須遵守履行，如有違背行爲，原訂人有強制履行的權利。準契約權是指一種他人爲其完成一事所耗費的精力與時間與所承負的困煩，他人有要求補償的權利。例如：若一人在路上撿到一只錶，他就有向遺失者要求報酬以爲抵償的權利。侵犯追索權是對一人無意中或故意對他人造成損失，受害者就有對之索取補償的權利。

所有以上七種權利就構成人的全部遺產。自然權利起源相當明晰，每個人都有保護其身體上不受任何傷害，都有阻止無故受到侵犯的權利，這是沒有人會懷疑的，但是後天獲得的，像財產權，則必須加以解釋。亞當．史密斯認爲，這與民治政府的存在有關。他說：「財產權與民治政府關係非常密切，彼此相互依存。財產的保有與保有數量的不平等乃產生了民治政府，財產的狀態必定時常隨著政府形式的變動而變動。」換句話說，在民治政府之下，財產自然就獲得保護的權利，如果政府的體制變動了，財產權自然也隨著變動了。

在這裡，我們可以看到亞當．史密斯將所有權利都視爲由財產權所引起。他在《原富》中就說：「自己的勞動是每個人都擁有的財產權，是所有其他財產權的原始基礎，所以是最神聖的、最不可侵犯的。」同時，史密斯還認爲所謂完全自由是指每個人都有選擇自己職業的能力。從經濟方面說，一個人的職業就是他的勞動範圍，因此，選擇一個人之勞動，實際上是選擇一個人之勞動的性質與其完成的產物。

在史密斯看來，自然權利與自由市場是不可分的，政治與經濟是不能分離的。權利的性質就歷史上說，是隨著一國的經濟變動而變動，對於這一點，他在《原富》中就明確地加以描述。將《原富》與《法理學講稿》連貫起來，我們就可進一步地說，在史密斯心目中，沒有經濟自由就沒有政治自由。我們也可明確地說，史密斯認爲，勞動、權利與自由是正義的基礎。

三、政策的論述

接著我們可以討論政策部分的大要，首先要說明的，史密斯對這一部分討論所用的標題是"police"一字，不是"policy"。但他一開始就說"police"這一英文字是從法文變過來的，它的原始是希臘文，是指政府推行的政策。現在則只指政府對低層工作的管理，例如：道路清潔的維護，社會治安的保全等等。這樣，"police"的現代意義應中譯為「警察或警政」。但因史密斯當時所討論的實為政府推行的一般政策，警政只是其中一小部分，所以這裡就將之譯為政策。

從這一部分的論述中，我們可以看到史密斯後來在《原富》中所發揮的一些思想，已經在這裡出現了。例如：他說，「分工能增進國民的富裕」，其所用的例子就是針的製造。同時，他又說：「當你向釀酒者或屠宰者要啤酒或牛肉時，你不對他說你是如何地迫切需要這些物品，而只要對他說你付出價格以換得它是如何地對他有利。你不是激起他的人道情懷，而是他的愛護自己。」

同樣地，我們還可在其中看到，他反對重商主義地認爲貨幣就是財富，以及爲了保有財富必須限制進口等措施與思想。他說一個富裕的浪子過的揮霍生活可以浪費資本，以致減少產業，雖然他這種行爲並沒有減少貨幣的流通；所以財富與貨幣顯然不是同一物品。

在這部分論述中，他也強調政府應讓人民自由從事交易，因爲只要雙方自願成交，則必然是對雙方都有利的，這是財富產生的根源，他說：「當兩人從事交易時，無疑是對雙方都有利，其中一人也許感到自己所有的某種物品太多了，這時他就想與他人交換對他更有用的物品。這時，另一人也基於同樣理由而同意彼此成交，這就對雙方都有利，這種情形也同樣可以發生於兩個國家之間。」因此，「對於對外貿易不應有任何的阻礙。如果有其他地方可以籌措政府所需之費用的話，所有關稅與貨物稅都可取消，對所有國家與所有物品，都應准許自由貿易。」

在這一講稿中，像這一類的言論還有許多，自不必贅述。最後，我們知道在史密斯看來，要理解人與人之間的互動，其中經濟的與政治的元素關係非常密切，自須一併思考。現在讀了他對法理學的講稿之後，自可進一步領悟到「正義」這一元素也是不可忽視的。

要想對人際互動行爲有透徹地了解，必須同時從經濟、政治與正義三方面合併思考方有可能。正義的美德如果沒有從政治與經濟制度中所帶來之法律的內涵，是不完全的。但是，如果政治與經濟沒有正義爲其深厚的基礎，則無規範的力量。這應該是史密斯始終不願放棄要撰寫這樣一部著作的理由。但他最終還是不能如願，這實在非常不幸！

現在史密斯的學生給他留下了這部講稿，雖然也許不能完全代表他的意思，但至少也能讓後世略知其梗概，而且在無意中還爲他們的老師完成了宿願，這不能不說是他這兩位學生的貢獻。可是，由史密斯臨終前無論如何非得銷毀多達十六冊手稿來看，他應是很不放心別人的能耐，我們當然不能將這本講稿視爲史密斯的作品，他的著作只有《原富》和《道德情感論》這兩本。

四、道德演化與市場秩序

亞當・史密斯被認爲主張自由放任資本主義，強調「不可見的手」之市場機能，而市場運作其實有「市場秩序」，「誠信」就是最重要的規則。我們知道，「仁、義、禮、智、信」是倫理道德，而史密斯更視《道德情感論》爲其最重要著作，他重視道德當然是無庸置疑的，我們就來談談「道德演化與市場秩序」。

第三章提到經濟學家的三種分類，而第一類「眞正的經濟學家」，其工作並非親自去解自己建構起來的聯立方程式，而是去解釋那組聯立方程式怎麼會自動跑出來某個解。這樣說，對於找出問題的方向雖然很有啓發的意義，但畢竟只是一個比喻。正經地說，經濟科學基本的理論問題就是：在相關的資訊（或者說知識、知見、資料）不可能集中於某一個心靈，而只是分別存在於數以千、百萬個不同的心靈的情形下，一個大量利用這些資訊的整體經濟活動秩序，究竟是如何產生的呢？這個問題和一般人立身處世所秉持之「道德」的由來，實爲一體之兩面。我們之所以觀察到，某一組道德系統是某一群人彼此互動的規則，很可能是因爲該組道德系統讓該群人，在其所處的環境當中，達成了一個讓該群人整體得到保全的活動秩序。所謂「覆巢之下無完卵」，個體若不是遵循了讓整體得到保全的某組行爲規則，它們本身也許不可能有多大的存活機會。個體雖然採行了某組道德系統而讓整體（以及他們自己）得到了保全，但這並不表示，個體擁有的理智能力足以事先知道此一因果關係，從而決定要採行該組道德系統。

道德，就像語言那樣，不是人類刻意設計的，而是傳統習慣演變而來的。同樣地，現代人類文明之所繫的市場秩序，也不是任何人籌謀設計的，「它是由於人們無意中順從了一些大多稱爲道德的行爲規則而形成的。這些行爲規則，很多不是人們喜歡的，它們的重要性，人們通常不了解，而它們的正當性，人們也不能證明；但是，由於那些事實上遵從這些行爲規則的社群，在人口與財富方面較其他社群增加得更快，於是它們便隨著整體社群的演化擴張、淘汰取代而迅速地散播開來。許許多多的社群，不管是湊巧使然，或是被迫無奈，乃至勉強痛苦地順從這些行爲規則，皆因此而能夠連成一氣，因此而有更多的機會取得更多有用的資訊，也因此能夠『生養衆多、遍滿地面、治理這地』（《舊約・創世紀》一章二十八節）。道德演化也許是人類演化過程當中最不爲人所理解的部分」。因此，僭擬理智萬能，對非植基於理智的道德，一貫採取鄙夷態度的現代所謂「知識分子」，很可能是人類文明的詛咒，而不是福音。

道德演化與整體秩序之間的複雜關係，是海耶克在一九三六年之後絕大部分心力投注的焦點。他鍥而不捨辛勤耕耘出來的理論體系，固然可以用「體大思精」四個字來形容，但，讀者如果能夠稍微抑制理智誇大的衝動和凡事量化的科學迷思，冷靜地試著去理解在純粹自然（natural）與純粹人爲（artificial）之間的另類現象，以及介於本能與理智中間的人性發展，則他說的一切，套用一句寇斯的話來說，都「是如此的簡單，幾乎可以看成是不辯自明的眞理」——也許除了對於道德與整體秩序的語義，他和一般學者的用法稍微不同，比較容易滋生誤解之外。因此，本節主要是就這兩個關鍵概念提供一些導讀，希望有助於讀者理解，這一位一生敢於拂逆衆議，抗拒社會主義思潮，且早在二〇年代就已經看出社會主義不是價值判斷的問題，而是可以被事實證明是一項科學上錯誤的思想巨擘，所秉持的經濟分析與政治哲學。

且讓我們對行爲規則（rules of individual conduct）、道德（moral rules）和整體

秩序（order for a group of individuals as a whole）稍加定義。

首先概略介紹此處所謂秩序（或者說，整體秩序）的意思。試以李嘉圖的「比較利益原則」爲例，說明秩序的部分意思。在自由貿易的條件下，國際商品交流的形態會朝此一「原則」發展。這個「原則」不是人們做買賣時主觀依循的行動規則，而是在一定的條件下，國際貿易關係自然而然暗含的一種經常性質。國際貿易關係是一種人類互動關係，說它是一個秩序，表示它具有某種規則性。比較一般化地說，秩序的意思，是指「一種事物的集合狀態，在此一集合當中，許多各式各樣不同的構成分子相互關聯。分子間的關聯不必是固定不變或是具體的，但，只要我們從經驗中熟悉整體集合的部分時空狀態，則關於其餘部分大致是怎麼樣的一個狀態，我們也許可以學會如何去形成正確，或至少很可能是正確的預期。」

簡括地說，所謂秩序，就是整體活動的某種規則性。這個定義有兩點值得特別注意。第一，「從經驗中熟悉」（acquaintance）指涉「親身經驗得到的事物知識」。這種知識，有時候是說不出來的；我們從經驗中感知到的，比我們可以用語言表達的，要來得多些。之所以如此，也許是因爲我們人類的感知運作過程，是從抽象的規則開始認識，待累積了某一數量的抽象形態認識之後，才會感知到較具體的印象，而語言則大多代表相當具體的事物。就認識秩序而言，感知運作過程始自抽象規則或形態，隱含我們有時能知其然地感知某些秩序，但若要我們說出其所以然，則即使費了幾番工夫，也不見得會有令人滿意的結果。人類的心靈秩序便是這樣的一個例子。就形成各種或大或小、或抽象、或具體的人類「社會」秩序而言，我們所感知的多於說得出的，這個事實隱含，如果我們凡事都必須按照明訂的規則進行（這是科層組織迷的終極理想），則我們能夠形成的秩序和我們的生存機會，將受到很嚴重的限制和傷害。第二，「學會」（to learn）做某件事，有時候是相當容易的一件事，有時候卻必須集中心思、花費一番工夫。學會看「日出日落」或「秋雁南飛」的秩序，並不困難；但學會看出國際商品交流的形態合乎「比較利益原則」這樣比較抽象的秩序，卻需要一些特別的思考演練工具（technical apparatus）和一心一意的思考（directed thought）。

我們必須區別兩種秩序的來源：(1)人爲刻意的安排，以及(2)在沒有任何人爲安排的情況下，各式各樣的分子遵循一定的行爲規則互動而形成的。我們也許可以稱前者爲「做成的秩序」，而稱後者爲「長成的秩序」或「自發的秩序」。我們不排除，做成的秩序當中的構成分子的行爲呈現一些規則，但這些規則主要是秩序的安排者選擇制定的。另外，並不是任何引導分子互動的行爲規則，都能產生自發的秩序，我們只是說，某些規則在某些情況下能夠產生自發的秩序。再者，我們主要是以行爲規則來分別秩序的構成分子，亦即，兩個能夠遵循同一組規則的分子，即使在別的方面有不同的性質，但從形成秩序的觀點而言，它們是相同的。

我們要特別強調秩序的整體意義。秩序不只是其構成分子的簡單加總而已，它另外有其整體的意義，就做成的秩序而言，這個意義相當明顯。做成的秩序是某一行爲者（agent）爲了達成某一標明的目的而著意安排的，該標明的目的就是該秩序的整體意義。例如，某一企業家籌組一家公司專門生產電腦，就此，我們說生產電腦是該公司上下活動秩序的意義或目的。顯然，同一類做成的秩序，在達成目的的效率尺度上，會有高下之別。自發的秩序不是什麼行爲者安排的，因此，我們不能說它有什麼目的，但對於身處其中的分子而言，自發的秩序也許是非常有用的（very serviceable）。例如，對於考慮移民地點的人來說，像美國和中國這兩種類型的「社會」差異，無疑是很有意義的，這兩種秩序顯然對移民者本人，乃至其後代的生涯發展，有截然不同的影響。

做成的秩序，其複雜性不會超出安排者的知見範圍。此處所謂秩序的複雜性

（complexity），是指「若要顯現某一類秩序的全部特性，一個屬於該類的秩序必須包含的最低分子數」。例如，如果某一種商品交易市場，買賣雙方至少必須各有一千人，才會顯現「完全競爭」的特性，而另一種商品交易市場則只要五百人，那麼我們便可以說，前一種市場秩序比後一種複雜。有些做成的秩序也許比某些自發的秩序複雜，但，由於自發的秩序不受任何安排者知見範圍的限制，所以其複雜性可以超出任何人的知見範圍。自發的秩序是討論本質複雜的現象（亦即，不可能被細分為若干知見範圍內之秩序的現象）時不可或缺的概念，而且如果事實上沒有這種秩序存在，則任何所謂「社會科學」都不會有研究的對象。所幸的是，任何社會都一定有我們所定義的自發的秩序存在，而且這樣的秩序通常在人們想到要刻意去安排它之前，就已經存在了。事實上，「如果社會生活沒有某種秩序、某種和諧，以及某種規律，則我們每一個人都不能做什麼事，也不能滿足自己最基本的需要」。經濟學者之所以不能更清楚地認識自發的秩序，也許是因為他們執著於「經濟人」的假設，亦即他們不把他們研究的對象當成是活生生的人構成的；簡言之，他們把人當做物來處理，以致不怎麼理會「人之異於禽獸幾希」的那些東西，在產生整體秩序方面的作用。

經濟學神話中，遺世孤立的「魯賓遜」不是真正的人；他是否具有我們所認識的人性，是很値得懷疑的。人，總是生活在某個社會裡，其種種行爲不僅有其個人主觀的目的，而且也通常合乎他人（客觀）認爲適當的規則。人，不是一部計算器，一味追求目的與手段之間的效率和邏輯一致性。人，也是遵循規則的動物（Man is a rule-following animal.）。事實上，若非如此，根本不可能有心意溝通或人際交換，而人們也不可能生活在一起形成某種社會。此處所謂規則，是指「一項敘述或公式，我們用它來描述許多個人所爲呈現出來的某一種經常性質。我們不問被描述的那些人，除了在行動上通常合乎該規則之外，是否還有其他的意義可以說知道該規則。」

當我們說許多人的行爲呈現某一規則時，這不是說這些人必然有一個共同約定或不約而同的目標。行爲規則在邏輯上並不限制個人目的的選擇，它只是描述行動過程（procedure）的某種特性。例如，「不說謊」和「行動準時」都是此處所謂的規則，而它們並不隱含任何具體的行爲目的。在不同的場合，有不同的規則。各種不同的規則，或簡或繁，或嚴密或鬆散，適用的範圍也廣狹不等。雖然邏輯上規則不預設目的（purposes），但並不表示事實上規則無關目的或沒有客觀的功用（functions）。

就規則的目的（或功用）而言，規則可以分爲兩類：(1)有些規則有利於達成特定的目標，或有助於處理某些經常或普遍的情況，得到較令人滿意的結果，例如，股票交易中心或道路交通規則。我們也許可以稱之爲工具理性或組織性的規則。現代這一類規則大多是人們應用已知的事物因果關係籌謀制定的，因此人們當然知道按照這些規則行事會產生什麼具體的結果。(2)有些規則與個人或任何組織具體目標無直接關係。這一類規則大多是消極性或禁制性的，亦即，主要是以「有所不爲」的方式呈現的，例如，現代個別財產權和契約規則。海耶克所謂的道德屬於這一類規則。自個人主觀的角度來看，遵守這一類規則，不一定有助於達成任何具體的目的或取得任何實質的滿足；然而大多數人遵守這一類規則，卻是形成某種整體社會秩序不可或缺的條件。這不是說，只有稱爲道德的規則才是，而工具理性的規則就不是整體秩序的決定因素；我們只是說，道德是形成整體秩序的一種必要條件。古代的學者並不分辨這兩種規則。

「開始的時候，人們並不區分應該要遵循的規則，以及爲了取得特定的結果而一定要遵循的規則。在他們看來，只有一套行之有素的辦事方法，知道這一套方法，就是同時知道事物的因果關係，和知道什麼是適當或允許的行爲方式。知道這個世界，就是知道在各種情況下，自己一定要去做，或一定要避免去做些什麼事。就規避危險的效果而言，知道什麼是自己一定要避免去做的，和知道自己一定要怎麼做才能取得某一特定的結果，是一樣的重要。」若不是工具理性的發展有別於道德演化，則不僅人們大概不會發現有某種雖然無補於特定目的之成敗，然而卻攸關某種整體秩序之維繫的規則存在，而且這個世界大概也不會有各種形形色色的佈道家傳播與讚揚道德。但，佈道家所傳播的道德，永遠只是有資格被稱爲道德之規則的一小部分而已。有些實際上被遵循的規則，從來沒被形諸文字，一般人所謂的「正義感」指的就是這樣的規則，他們實際能夠運用那些規則，然而卻不知道怎麼用語言將它們表達出來。另外有些規則雖然見諸文字，但那些文字只不過是近似地表達了長久以來被實際遵循的規則罷了。在此值得附帶一提的是，有些學者所論的道德，例如，現代倫理學所謂功利主義和社會正義的道德，不一定是此處所謂的道德。因爲那些所謂的道德，不是任何即使有心但知見能力有限的常人能夠實踐的行爲規則。

大多數人能遵循但很少人能說出所以然的道德規則，究竟是怎麼來的呢？這不僅是一個有趣的科學問題，因爲它們顯然不是任何人籌謀設計出來的，而且更是一個不可等閒視之的問題，因爲它們形成的方法有極爲廣泛深遠的政策意義。爲了方便說明道德規則的起源以及其政策意義，我們有必要區分兩種道德：封閉社會的道德與延遠秩序的道德。前一種道德是人類本能固有的道德（the innate moralities of human instincts），例如：團結一致、利他的情操、集體選擇等等。「這種本能的道德是爲了適應不時移動的小隊伍生活而發展出來的。人類及其先祖在這種方式下生存演化了幾百萬年，目前人類的生物性結構就是在這個期間演化形成的。這些由基因傳承的生物性本能，其功用在於引導小隊伍成員間的合作；此種合作需要成員彼此相知並且互信，因此，其範圍必然相當狹窄。……在這樣的隊伍裡，雖然某些年長的成員因較有經驗而有一些權威，但主要還是其成員有共同的目標和一致的手段認識，在協調他們的活動。這種協調方式完全仰賴團結一致和利他無私的精神（solidarity and altruism）兩種只及於自己所屬隊伍之成員，而不及於非成員的本能反應。因此，這些小團體的成員也就必須做爲某一小團體的成員才能生存，任何落單的人很快就會變成死人。」

就人類目前的處境而言，這些本能的行爲規則雖然不能說毫無用處，但它們顯然不足以維繫市場經濟秩序。「我們目前實際上是接受市場交易所形成的價格系統引導，而對一些自己多半一無所悉的情況做出回應，而且如此所產生的整體結果，也不是我們有意促成的。在我們的經濟活動中，我們不知道自己究竟滿足了什麼人的需要，也不知道我們取得的東西是怎麼來的。我們幾乎都在爲不認識的人服務，我們甚至不知道有他們存在；而我們也一樣總是仰賴一無所悉的人所提供的服務以維生。」

「此一非比尋常的秩序之所以形成，以及目前人類的數目之所以這麼多，並且有這樣的活動結構，主要是由逐漸演化出來的行爲規則（特別是有關個別財產權、誠信、契約、交換、貿易、競爭、逐利和個別隱私權方面的規則）促成的。這些規則並非由本能遺傳，而是經由文化傳統、學習與模仿而延續的。它們主要是一些禁制性的（亦即，什麼情況不該做什麼的）規則，彈性限定得由個人自主選擇與負責，因此，時常禁止人們依照本能的好惡行事。人類因爲逐步發展出並且學會了遵循這些規則（首先是在地方性的部族之內，然後延伸至較廣的範圍），才締造了文明，而且也才不必再仰賴共同一致的具體情況判斷來協調衆人的活動。

如果讓小團體得以結成，並確保其內部有效合作，但妨礙或阻斷其擴張的那些行爲規則，可以被稱爲自然的道德，則現代人類文明之所繫的那些行爲規則，更有資格被稱爲道德。它們壓制了自然的道德，讓人類可以形成一個更大也更有效（亦即，讓更多人得以生存）的協作秩序」——一個遠遠超出我們人類知見範圍的整體活動秩序。雖然形成現代市場經濟秩序的行爲規則，實質上是一組新的道德，但，一來由於它壓制了本能的道德情緒，因此人們對它總是懷恨在心；二來由於目前撰寫「示人以實行道德之規範」的「修身書」作者，大多昧於現代演化論和經濟學的發現，而依舊膠柱鼓瑟宣揚從前部族生活的道德條目；三來由於笛卡兒的極端理性主義作祟，今之倫理學者大多把倫理學當成形上學，而以純粹邏輯演繹的方法治學，因此自始即將介於本能與理智中間，而且本質上無法「證立」（justification）的行爲規則，排除在他們所謂的道德之外，以致一般人誤以爲他們賴以生存的市場經濟秩序毫無道德可言。

有一個要點，再怎麼強調，也不嫌重複，那就是：形成市場經濟秩序的那些行爲規則，雖然是我們人類自己發展出來的，但，它們卻既不是我們人類天生就會遵循的，也不是我們人類衡量審度本身所處的情況，爲了達成某些目的，而著意選擇設計出來的。它們雖然是人類行爲的結果，卻不是人類設計的結果；它們是人類文明演化過程的產物。在文明演化的過程中，人類必須嘗試調整自己的行爲，以求適應各種自己不能完全知曉的情況。「各種規則之所以調整，而變得愈來愈能產生有效的整體活動秩序，不是因爲人們愈來愈了解它們的功用，而是因爲有些改變了行爲規則的社群，其改變的方式剛好讓他們愈來愈能適應所處的環境，讓他們相對地愈來愈繁榮。這種演化的結果，不是直線開展出來的，它是各式各樣的整體活動秩序相互較勁、不斷的試誤，所產生的一種（也許可以算是）經常實驗的結果」。

由於這些結果是人類不斷試誤（trial and error）、適應不明情況（adaptation to

the unknown）的結果，它們實質上就是有關該情況的某種訊息，儘管它們沒有明白告訴人們那個情況具體是個什麼樣子。學會了依照這些規則行動的人，比較能適應所處的環境，但他們卻說不出那個環境具體是個什麼樣子。簡言之，學會遵循它們的人，無異學會了一種「知道如何做、但不知道如何說」的知識。

「一般而言，透過競爭，比較有利於人類生存的行為規則，比較有可能被選出並留傳下來；但這不是說，那些留傳下來的規則，因此便毫無批判的餘地。即使不為別的，光是因為文明演化的過程時常受到許多強制性的干擾，我們就該嚴肅地檢討留傳下來的規則。」這個傳統批判的工夫，如果有系統地進行，也許能揭示我們，為了更能夠產生有效的整體活動秩序，哪些規則可以著意地予以更改，以及不管有沒有像立法程序那樣的集體決策，哪些規則可能會經由競爭演化而逐漸形成。不過，話說回來，我們也不該過度誇大理智批判傳統規則的能力，更不用說，我們能夠按照自己的好惡，設計一套全新的道德以取代形成市場經濟秩序的行為規則，或任意更動它們。

我們人類不是因為擁有理智，或擁有邏輯推演和計算的能耐，才得以學會種種生存技巧的，人類的技巧主要是模仿學習得來的。「模仿學習如何待人處世，與其說是領悟、理智和理解能力的結果，不如說是它們的來源。人類不是生下來就有智慧、有理性或是善良的，他必須被教導才有可能變得如此。我們的道德不是我們的理智創造出來的；相反地，是因爲我們的道德支配了人際互動（形成了某種整體的活動秩序，所以我們的理智才有算計的資料與運作的空間），也才讓理智及其他一些相關能力得以成長。人類變得聰明，是因爲有（介於理智與本能中間的）傳統讓他學習。而這個道德傳統，卻不是來自於理性解釋客觀事實的能力設計，而是來自於種種回應客觀事實的習慣累積。它主要是告訴人類，在某些狀況下，他們該做什麼或不該做些什麼，而不是告訴他們，可以預期什麼一定會發生。」道德傳統來自整體活動秩序的演化競爭，「被此一形成習俗與道德的篩選過程納入考量的事實情況，比任何人可能知道的還要多。」因此，在某些方面，傳統的習俗與道德比人類的理智更爲優越、更有智慧。

形成市場經濟秩序的那些規則，便是這樣的一種傳統，它讓人們更能在種種不明的情況中進行調適，亦即，讓人們在其理智可能的知見範圍之外，有效的協助，形成有力的整體活動秩序；這種活動秩序所吸納與利用的資訊（包括各種可用的人力與自然資源方面的資訊），遠超過任何人爲理智設計安排的秩序。對於身處市場經濟秩序的人來說，他們的理智很可能永遠不足以取代市場秩序自動競爭、演化與調適的過程。

當人們開始將具體的共同目標擺在次要的地位，而優先遵守抽象的道德規範，以便參與一種有秩序、但無人能全盤觀照或全盤安排、也無人能預測的協作過程時，人們的成就便開始勝過他們自己的見識，同時，他們也一併作成了許多想不到、也不想要的結果。我們現在的道德規範所以如此這般，主要是因爲它適合我們同類數目的增長；我們也許不喜歡這個事實，但，對於應該有什麼道德規則，我們現在已經沒有什麼選擇的餘地了（即使我們過去有），因爲我們現在必須應付的，是一個既有道德規則已經發生作用，以致人口衆多的局面。

現在有這麼多的人已經存在，只有市場經濟才可以維持大多數人生存。即使我們只想維持目前人類的數目，除了遵循大致上是同一套的原則之外，我們也別無選擇。因此，除非我們眞想詛咒數以百萬人成爲餓殍，否則我們便責無旁貸，必須抗拒那將會摧毀諸如個別財產權這種基本道德原則的教條主張。而亞當・史密斯在兩百多年前就以「自由放任」、「不可見的手」、「市場機制」明示這些現象，也是國民財富增長的基石！

第六章

史蒂格勒談亞當·史密斯的成功與失敗

亞當·史密斯被尊爲「經濟學始祖」，當然是備受尊崇，也是非常成功的，雖然其思想曾受到「有矛盾」的批評，也只是解讀的不同而已。不過，開口閉口「我的好友亞當·史密斯」的一九八二年諾貝爾經濟學獎得主史蒂格勒（G. J. Stigler, 1911-1991），竟在一九七六年於著名的《政治經濟期刊》（*Journal of Political Economy*）八十四期，寫了〈亞當·史密斯教授的成功與失敗〉（The Successes and Failures of Professor Smith）這篇文章，實在讓人好奇，他是怎麼評論的呢？

史蒂格勒一開頭就說，《原富》刊行於一七七六年三月九日，迄一九七六年已有足夠時間讓人對亞當·史密斯教授的成功與失敗做一評斷。他認爲亞當·史密斯教授想必對此事也會有興趣。《亞當·史密斯的生平》（*Life of Adam Smith*）作者約翰·雷（John Rae）曾敘述亞當·史密斯教授逝世前的日子說：

> 「當亞當·史密斯教授在感覺他行將就木時，便急於銷毀他的大部分文章，只留下自認極爲完整值得發表的少數論文。由於他身體虛弱，已無法處理此事，遂一再央求其好友布雷克和哈登幫忙他銷毀……布雷克和哈登在推卸無功之後，在史密斯去世的一個禮拜前總共銷毀了亞當·史密斯教授十六巨冊的手稿。」（一八九五年，《亞

當・史密斯的生平》第四百三十四頁)

史蒂格勒認為,只有一個相當擔心後世會拿他的文章來責難他的論點的人,才會作出這種事情。史蒂格勒說,亞當・史密斯當然是錯了,蓋史密斯不是一個可忽視的歷史人物,因此他的十六巨冊手稿,當然不會是毫無價值的東西。

隨著時光流逝,史蒂格勒愈無法確定他自己批評亞當・史密斯教授的資格,原因是,很多人以為他是亞當・史密斯教授的最好朋友,但他自己卻不敢這麼認為。他認為休謨或哈登或布雷克才應是史密斯的最好朋友,而史蒂格勒覺得自己頂多可算是亞當・史密斯教授的好朋友。不過,朋友關係不至於扭曲他對亞當・史密斯教授思想的評估。

史蒂格勒的評估方式,不在於簡單地就某項觀點讚美或責難亞當・史密斯。任一學者的成功在於其說服當代與後代學者的論點。當李嘉圖或約翰・密爾或托倫斯採用亞當・史密斯的理論時,並不表示他們是無條件接受亞當・史密斯的觀點,只是在工作與思考上,接受亞當・史密斯思考架構的指導。相對地,亞當・史密斯的失敗在於當代及後代不接受的理論。當亞當・史密斯犯錯時,我們期待他的徒弟會指出來;可是我們也發現，亞當·史密斯最好的文章仍遭忽視。總之，史蒂格勒認爲，判定學者的成就要用科學的判斷方法。

由於亞當·史密斯是人類迄今最偉大的經濟學家，因此史蒂格勒覺得探究史密斯的成功與失敗是很有意義的事。藉此探討，史蒂格勒也希望能回答這個問題：我們能決定會幫助或傷害接受者的理論之特質嗎？

一、適當成功之處

史蒂格勒認為，經濟學領域裡的主張如果成功，就會變成當代和後代經濟學家所謂典範運作體系的一部分。他們接受且使用（著重「使用」一詞），或拒絕且爭論（著重「爭論」一詞）該主張。兩種情形之下，他們的工作都受到成功主張的影響，而同時也在衡量其成功的程度。因此，史蒂格勒重複說：某項理論分析，假使變成承繼者生活經濟學的一部分，就算是成功。因此，假使亞當·史密斯的著作，不論其中的主張是否自創，只要能主導後來的理論運用，便是他的成功之處。所以史蒂格勒不準備指出亞當·史密斯承襲先進之處，即使這種情形很多，比起亞當·史密斯的貢獻來說，也只是小巫見大巫。史蒂格勒認為，我們可以利用牛頓（L. Newton）介紹他自己的話語來介紹亞當·史密斯：「假使我可以看得更遠，那是因為我站在巨人肩膀上之故。」這適合與前輩比較，但不適合與同輩比較，蓋同輩有同樣高的肩膀可站。

史蒂格勒指出，亞當·史密斯的第一項大成功是，將個人在競爭條件下的追求自利行爲的系統分析置於經濟學的中心。此乃《原富》中的精華，且迄今仍是資源配置的基礎。各種資源尋求其最有利運用的目標，致每一資源在各種用途的均衡報酬率都相同的主張，依舊是所有經濟學內容裡最重要的理論。

史蒂格勒說他不知道是否應將史密斯競爭價格理論非常成功的應用，亦即，不同職業的工資率與利潤差異理論，列爲第二項大成功。但亞當·史密斯的追隨者在一世紀的期間裡，幾乎一字不漏地引用亞當·史密斯所提影響工資率和利潤差異的四大成本因素——訓練、勤奮（hardships）、失業和信任（trust）。此亦促成馬夏爾著名的「工資」章節以及現代的「人力資本」理論之發展。所以史蒂格勒認爲，此一價格理論的特別應用或許值得列爲史密斯的第二項大成功。

史蒂格勒接著說，亞當·史密斯的第三、且是最後一項大成功是他對重商主義的攻擊。這乃是史蒂格勒就一個學者對其他學者的衝擊程度衡量而得，並不是從一個學者對公眾思考或公共政策的影響程度之考慮。亞當·史密斯攻擊任何形式的保護主義，如關稅、補貼、強制國貨國運、殖民地企業的限制等等，此與其競爭價格的理論一致。公共政策裡，個人自由選擇的爭論焦點在於競爭能否促成效率。製造商或農人或勞動者或運輸業者在追求所得極大的過程裡，會將資源使用於一個國家最具生產力的地方。亞當·史密斯說：「每個人會不斷督促自己爲擁有的資本去尋找最有利的雇主。此乃就個人立場考慮，不是從社會的立場考慮。可是從自利出發，自然會引導個人選擇對社會最有利的資源運用。」這項推論雖是價格理論的應用，但因其發展極爲廣泛，故値得視作亞當·史密斯另一大成功處。

史蒂格勒覺得他已盡量少引用亞當·史密斯的話，但此處有必要舉出一個可證明史密斯的論辯威力的例子。以下即是史密斯批評英國重商主義政策的一段話：

「單是爲了扶植一群顧客而建立一個大帝國，乍看之下也許像是只有零售店主組成的國家才會去做的一樁事業。然而，這種事業其實和滿腦子生意經的零售店主完全不搭調；不過，它倒是和政府受到零售店主影響的國家極爲搭調。這種國家的政治家，而且也只有這種國家的政治家，才有這種幻想的能耐，以爲他們用他們同胞的生命與財產去建立與維持這種帝國，將可以給國家帶來一些好處。你若不信，那就隨便找一個零售店主，向他說，您幫我購置一筆大地產，我以後一定只在您店裡買我需要穿的衣服，即使別家店裡賣的衣服比您店裡賣的稍微便宜些；你將發現，他絕不會熱烈擁抱你的建議。但，如果有任何其他人幫你購置這麼一筆大地產，而且吩咐你一定要在他店裡買你所有的衣服，那麼這位零售店主一定萬分感激你這位恩人。英國在一個遙遠的地方，幫她的一些國民購置了一大筆地產，因爲她的這些國民覺得待在本國不舒服。沒錯，她所支付的價格很低，不是本世紀常見的那種動輒地產年租三十倍的土地價格，而幾乎只等於是一些不同種類的機具費用，一些她用來首次發現那個遙遠的地方、偵測那裡的海岸線，以及聲稱占領那裡的機具費用。那筆大地產，由於土質優良，範圍廣大，墾殖者有充裕的優質土地種植東西，而且有一段時間可以隨他們自己的意思到處賣他們自己的產品，因此在短短的三、四十年間（從一六二〇至一六六〇年）變得人口眾多而且還繁衍迅速，以致英國本土的眾零售店主和其他商人希望能獨占他們的買賣。所以，那些零售店主和其他商人，雖然不敢妄稱他們對當初購置那一大筆地產的價錢或後來改良的費用有過絲毫的貢獻，仍然向國會請願，希望限制美洲墾殖者今後必須到他們店裡來，第一，來購買所有他們所需的歐洲貨；第二，來賣他們自己的產出中所有讓那些商人覺得方便購買的部分。因爲那些商人覺得不方便把他們所有的產出全買下來。美洲產出中的某些部分，如果輸入英國，也許會干擾到他們原本在國內經營的一些買賣。所以，關於那些特定部分，他們願意任憑美洲墾殖者自己拿到能夠賣出去的地方賣，而且這種地方離他們越遠越好；因此，他們建議美洲那些特定產出的市場應該被限制在西班牙菲尼斯特立角以南的歐洲地區。著名的航運法中的一個條款，讓這個眞正屬於零售店主的建議變成了法律。」

從一七七六到一九七六年，亞當·史密斯的犀利主張，配合李嘉圖、約翰·密爾以及其他人的理論推廣，建立起一個無人敢輕侮的國際自由貿易傳統。

史蒂格勒認爲，亞當·史密斯的第四項成功是提出工資基金理論。該理論以工資基金相對於僱用人數的比率來解釋短期平均工資的水準，此工資基金經過適當時期後，會幾近固定金額。姑不論這理論是否有用，它確實主導了英國其後一百年的經濟學。該理論不確定之處在於，亞當·史密斯雖斷然地認爲該理論之必然性，卻未明確說明如何形成該理論。他認爲，該理論的精髓是「靠工資維生者的需求，只能隨工資基金的擴大成比例增加。工資基金包括維修之餘的收入和僱用專家之餘的資本」。亞當·史密斯的工資理論乃是奠基於工資—基金運作關係（機能），不過他並未明白定義工資基金的內容。

史蒂格勒說，以上所提是從大處著墨，並未涵蓋較小範圍的見解與爭論。譬如著名的鑽石和水的例子所提示的價值矛盾，造成邊際效用理論裡難解的問題，就不是這裡的探討標的。但史蒂格勒認爲他所指出的亞當·史密斯的以上前三項大成功，已成爲經濟學裡永恆的內容。

二、不適當的成功處

史蒂格勒表示，不適當的成功乃是指一項錯誤或不能發展的論題或分析方法，卻對當代或後代經濟學家深具影響力者。大多數可證明的錯誤，很快就會被指出來，但是有些沒有被指認而依附於某種有用的知識之中者，便要假以時日，才能發現。

在這裡，史蒂格勒強調他指出亞當．史密斯一項吻合上述條件的重要論題：生產性和非生產性勞動（productive and unproductive labor）的理論。

史密斯說：「有一種勞動施加在物品上，會增加物品的價值，另外有一種勞動沒有這種效果。前者或許可以稱為『生產性勞動』，因為它會產生價值。相對地，後者可以稱為『非生產性勞動』。譬如，一般來說，製造工人的勞動，在自然加工的材料上增加了一部分價值，可以提供本身生活所需和雇主利潤。相反的，侍奉主人的奴僕不會增加任何東西的價值。雖然製造工人由雇主先墊付工資給他，但實際上雇主的花費並不是損失，因爲這些工資通常會從物品加工後所增加的價値收回來，此外還會附帶一些利潤。可是，主人維持奴僕的費用，花出去以後便永遠收不回來了。僱用許多製造工人可以致富，而維持奴僕卻會變得愈來愈窮。但是，製造工人的勞動是附加並且體現在某些特定物品，或可供出售的商品上。這些物品或商品在勞動施工以後，至少可以存在一陣子。這好比是某一數量的勞動被堆積貯存了起來，必要時，可以在某些場合運用。也就是說，這些物品，或者說這些物品的價格也是一樣，可以在日後有需要的時候，拿來驅動某一數量的勞動工作，這個數量和當初生產該物品的勞動相等。相反地，侍奉主人的奴僕，他的勞動並不附加或體現在任何物品，或可供出售的商品上。他的各種服務通常在工作的當下便消逝了。」

史蒂格勒認爲，這種區分的目的相當清楚，假使我們可以按生產性勞動的產出能夠累積的特性來確認該勞動，那麼資本只能透過生產性勞動的產出來累積。但史蒂格勒表示，此區分有兩種困難，第一、即使亞當．史密斯是對的，廣泛僱用生產性勞動也只能允許資本累積，而眞正新資本的形成需要一完全獨立的儲蓄行爲。由於多數實體產出是在當期消費掉，沒有累積成資本，因此，生產性勞動的比例與資本成長率的關聯性很低。

第二、有些投資行爲並非生產性勞動的結果，例如：投資於人力資本並不會變成具體的可販賣商品。然而，亞當·史密斯同意，社會能量的一部分包含其住民所獲得的有用能力——他應添加新知識的開發，史密斯說：「透過教育、自修或學徒過程而獲得的（有用）才能，雖然總要支付費用，卻是資本的來源，這些才能會給他本人以及整個社會幸福。」史蒂格勒認爲，除非我們也將指導和訓練者視爲生產性勞動，而違背亞當·史密斯視所有「文書工作者」（men of letters of all kinds）爲非生產性勞動的主張，否則生產性勞動的存在，根本不能看作是資本形成的要件。

亞當·史密斯繼承者從來不會對生產性勞動的概念有深刻印象，西尼爾（Senior, 1790-1864）和瑪哥羅奇（McCulloch, 1789-1864）否認此種區分，約翰·密爾的修正說法根本無視於此種區分的存在，因此史蒂格勒認爲，這是一個小的不適當成功處。

三、適當失敗之處

史蒂格勒指出，亞當・史密斯無法說服經濟學家的失敗有如同成功般可分爲兩類：適當失敗和應該成功的失敗，此處先討論前者。史蒂格勒定義適當失敗包含分析錯誤，或在實證上使用了狹小的或錯誤的世界觀。

史蒂格勒指出，亞當・史密斯適當失敗的最明顯例子是資本僱用的各種用途（hierarchy of employments of capital），這是在《原富》第二卷第五章〈論資本的各種用途〉（Of the Different Employments of Capital）：「資本有四種不同的用途，第一、生產社會每年需要使用和消費的初級產品；第二、對這些初級產品進行加工製造，供應直接使用和消費；第三、將初級產品或製成品，從供給充裕的地方運送到供給不足的地方；第四、將一部分初級產品或製成品，分裝成方便人們偶爾需要使用的數量單位。」雖然四種用途彼此倚重和對「社會普遍方便」之功能均極重要，但在生產過程裡，愈早使用資本，資本的生產力愈大。資本不僅讓許多勞動者有工作，且會擴增社會的生產量。這個推論很簡單：一個零售商可能只僱用他自己和一個員工，而把其餘之資本用來購買銷售物，該部分只是替代較早生產階段之資本而已。另一方面，「沒有人在運用資本僱用生產性勞動量方面，比得上農民」。蓋農民的資本，輔以土地之肥沃，都用來支援所僱用之勞動。

史蒂格勒表示，亞當·史密斯的錯誤相當明顯，史密斯讓融資體系掩蓋了經濟生活的事實。假使消費者購買穀物時，不支付零售商，而支付給種植的農民、加工的磨坊、運輸的船長、和貯存的中間商，那麼每個人的資本會直接用以支持生產，但產銷過程不會有任何重大改變。

史蒂格勒認爲，如果亞當·史密斯眞的在他的理論體系犯此錯誤，則其影響不堪設想，舉例言之，支持私人控制投資的論點會受到難以彌補的損害。但是，該錯誤仍只是一低層次的瑕疵，瑪哥羅奇曾適切地反駁，西尼爾和約翰·密爾則忽視之。只有馬爾薩斯熱切贊同該種區分。

史蒂格勒表示，這項錯誤無疑地是受到重農主義的影響。而另一項相關的錯誤，是將社會有用性的層次適用於國內購買、國際貿易，以及國際貿易運輸業。亞當·史密斯認爲國內貿易，例如：向蘇格蘭製造商買東西、運至倫敦賣，再買英格蘭穀物回愛丁堡，更換了兩份英國資本。同理，國際貿易只更換了一份英國資本，而國際貿易運輸業則無此功能。此外，當地貿易的報酬比遠地貿易的報酬回收快。史蒂格勒認爲，亞當．史密斯這段論述當然是錯了，蓋若不同貿易種類的資本報酬率都一樣，那麼國際貿易改爲國內貿易時，會降低全國的產出（雖然資本的出口會影響工資）。亞當．史密斯的追隨者並未大力支持這項錯誤。

史蒂格勒表示，另一相當不同的錯誤（或許根本不是錯誤），是亞當．史密斯過分重視農業而產生的價值衡量（measure of value）之觀點。亞當．史密斯對貨幣價值的不穩定性很敏感，《原富》裡有一部分篇幅是用來探討貨幣貶值和通貨膨脹的內容。他建議以勞動一小時的辛勞來衡量價值。

史密斯說：「任何時地的等量勞動，價值應該一樣。在勞動者擁有的健康、體力、精神與技術水準下，他總是要犧牲相同程度的舒適、自由和快樂。勞動者購物的數量儘管可能變動，但他支付商品的價格總是一樣。……因此，以商品價值衡量的勞動者最終且眞實的價值不會因時、地之不同而變動。」

史蒂格勒指出，亞當．史密斯的錯誤（若眞是一項錯誤的話）在於，假設一小時勞動的心理成本對一個人來說，較諸消費商品的心理滿足要穩定。勞動或工作的痛苦或負效用（disutility）不穩定的根源有三：⑴它隨技術條件而變動。譬如說，現代社會已不必用人力來搬運重物。⑵它隨勞動者接受的訓練程度而變動。隨著生產分工愈趨細微而遞增的受訓痛苦，應與工作的痛苦一起考慮。⑶它隨工時長短以及所得而變動。至於消費商品之滿足程度不因⑵項而變動，可能因⑴項而變動（看其對新產品的感覺而定），但絕對會因⑶項而變動。

亞當·史密斯否定消費可以用作價值衡量，乃是因爲他認爲奢侈品毫無價值，只能產生想像的愉快，且終將因消費者之覺醒而幻滅。亞當·史密斯這個觀念在他的著作《道德情感論》裡曾大加闡揚，《原富》裡也詳細記載。然而，史蒂格勒認爲，亞當·史密斯的一項偉大特點，即一直強調較大的財富可帶來較大的滿足之幻象，卻從未被戳破。

史蒂格勒表示，亞當·史密斯的第三項錯誤，或許應可視爲誤導處，是他的貨幣理論。在第二卷第二章〈論貨幣〉（On Money）裡，亞當·史密斯相信社會中有固定貨幣需求，指稱只有某一數量的貨幣會流通，其餘的會輸出（若貨幣是黃金或白銀）或用以兌換黃金（若貨幣是紙幣）。史蒂格勒表示，假使匯率固定，而紙幣可兌換黃金或白銀，則亞當・史密斯的立論是可以成立的，該理論本質上是簡單的貨幣購買力學說。

史蒂格勒說，形式上，亞當・史密斯理論沒有錯誤，可是它使得休謨的論文所建立的一般性、且具預測能力的貨幣理論倒退發展。

四、不適當的失敗處

史蒂格勒表示，亞當・史密斯所擁有的崇高地位和強大說服力，要指出他正確、深奧、且豐富的觀念竟然不能被人接受，似乎有幾分矛盾。不過，他仍擬探討亞當・史密斯應成功，卻未成功之處。

第一項是排斥生存工資理論（subsistence theory of wages）。亞當・史密斯認為，英國的工資一般而言不是生存水準的工資，明顯理由有四：(1)夏季工資高於冬季，但生存費用則相反。(2)生存費用每年變化很大，但工資改變很慢。(3)生存費用各地變異頗大，但各地工資變異不大。(4)不同時地生存成本或費用的變化與工資的變化往往呈反向關係。這些證據，特別是前兩者，是在短期內方得以證明為眞。亞當・史密斯另外舉出英格蘭和美利堅殖民地的實質工資差異作為長期亦眞之例，隨著時間經過，這個實例愈能支持他的說法。

亞當·史密斯提出一種替代理論，該理論預測工資較諸生存工資理論的預測更爲正確。他主張說：無技術勞動者的工資＝生存工資＋λ（Δ資本／Δ時間，λ＞0），亦即，人口受上期資本變動的影響，因此「……在進步的國家裡，社會不斷取得新資本，但不是向富有者取得資本，故勞苦大衆是最快樂與舒適的。至於停滯的社會將是艱困的，退步的社會則是悲慘的」。這個工資理論，雖然頗爲合理，卻輕易地被馬爾薩斯的理論（假設λ＝0）摧毀達一個世紀之久。

史蒂格勒認爲，亞當·史密斯的第二項應成功，卻未成功的見解，是經過一百年才得以流傳的地租理論（theory of the rent）。史密斯始終正確地把土地的租金視爲一種剩餘，即租金固然是生產的成本，也是自其他用途吸引土地的誘因，若將土地所有用途總合來看，土地租金就是一種剩餘。該理論見諸《原富》第一卷第十一章〈論地租〉（The Rent of Land），其敘述似乎不含混，卻也不清晰。史蒂格勒對此見解的困惑終於在布坎南（D.H. Buchanan）的文章〈租金和價格理論的歷史方法〉（The Historical Approach to Rent and Price Theory），發表於一九二九年《經濟學刊》（*Economica*）裡找到答案。亞當·史密斯曾說：「一畝地可以生產較少量的某種食物（肉）或較多量的另一種食物（玉米），則量少之物會以高價格來彌補差異。倘肉的價格過高，則玉米田會轉為牧草地；倘肉的價格不夠高，則牧草地會轉為玉米田。」約翰·密爾對此理論曾略表支持，馬爾薩斯則不完全接受。如今很難追想何以亞當·史密斯當年探討成本理論的觀點那麼被漠視，但此理論不像上文所提及的亞當·史密斯的其他理論清晰完整，故雖然正確，卻未能深入人心，這實在不能責怪亞當·史密斯的信徒，只能怪亞當·史密斯本人的疏失了。

史蒂格勒表示，最後一項亞當·史密斯令人惋惜的失敗處是著名的勞動分工（division of labor）觀念。不過，史蒂格勒自問：何以這項著名的《原富》章節，已具永恆生命的內容，卻是一項失敗呢？難道它們不是在過往的經濟學裡不時地被引用嗎？他自答：「是的，幾世代以來確實如此。」

史蒂格勒指出，該失敗的特性有所不同：由於勞動分工理論始終不存在，幾乎沒有人使用勞動分工理論。巴貝基（Babbage, 1791-1871）曾在商品製造的考量裡，擴大闡釋勞動分工，其基礎是馬夏爾考慮產業當地化的外部性經濟理論。楊亞男（Allyn Young）和史蒂格勒自己曾添加市場限制條件後，應用亞當·史密斯的勞動分工理論，而寇斯則將該理論應用於廠商，乃是清楚地傳承亞當·史密斯的觀念（楊亞男的〈遞增報酬和經濟進步〉（Increasing Returns and Economic Progress）發表於一九二八年《經濟期刊》（*Economic Journal*）；寇斯〈廠商的本質〉（The Nature of the Firm）發表於一九三七年《經濟學刊》（*Economica*）；史蒂格勒〈勞動分工受限於市場規模〉（The Division of Labor is limited by the Extent of the Market）發表於一九五一年《政治經濟期刊》（*JPE*））。不過，史蒂格勒表示，至一九七六年尚未有亞當·史密斯的勞動分工理論的進展證據，且專業分工並非現代生產理論中之一環。

史蒂格勒又說，亞當·史密斯對勞動分工提出了頗具說服力的見解，就像當時專業化的衝擊所給予他的感覺一樣。然而，迄一九七六年仍未有如同亞當·史密斯所言，勞動分工是經濟進步主流的堅固理論出現。這或許可以解釋，爲什麼規模經濟的現代理論僅能說是勞動分工概念的許多可能發展之一吧！

不過，如本書第三章所說的，已故的楊小凱早已在澳洲莫納石大學發展出一套扎實的勞動分工理論，而且已擴大成學術社群。

五、成功與失敗的確認

史蒂格勒表示，一項科學研究的成功與失敗，多是由當代專家來評斷，其評斷則由後代學者決定是否接受，由於亞當·史密斯所處的年代，經濟學家屬鳳毛麟角，所以我們可將十九世紀初葉視為亞當·史密斯的當代期，他的經驗能肯定這一原則。亞當·史密斯的適當與不適當的成功，都在《原富》發表後五十年內完成。他的適當與不適當的失敗，也約略同時達成。史蒂格勒指出，我們幾乎可以說（但不完全正確）史密斯的適當成功與失敗很快就贏得認同，但他的不適當成功（史蒂格勒提醒：請記得亞當·史密斯的生產性和非生產性勞動是一中度成功）也無可避免地迅速流傳。

史蒂格勒表示，論及不適當失敗處，屬於亞當·史密斯被當代人忽視之貢獻，終究為後代人所接納。但史蒂格勒認為，當地租理論歷經一八九〇至一九一〇年之發展而內容完整時，卻非亞當·史密斯深奧、模糊不清的說明之貢獻。當馬爾薩斯的工資理論自一八二五年起逐漸被遺棄時，亞當．史密斯所提出較合理的人口落後工資成長的理論並未代之而起。事實上，有一段頗長時間，沒有任何共同接受的理論，經濟學界完全忽視人口問題。倘使要就此論斷某一專業分工理論的出現和亞當．史密斯都不相干，固然有些魯莽，蓋此三項不適當失敗之事實乃是科學悲劇，不過，倘使要將之歸功於亞當．史密斯，則顯得更魯莽。

儘管如此，史蒂格勒表示，當代學者的評斷乃是決定主導思想之原則的另一個理由，科學是知識的「社會化」追求，不是獨立個人的見解調查。一個學者若不能影響他的當代學者，不配作爲該領域的有效率成員。有時他或許過於有遠見，例如：在內燃機發明之前就創造圓盤式煞車，但這是一個罕見的失敗理由，蓋不可能存在很多較無效率以發掘好而未被發現的見解的方法，以替代閱讀早期的著作。眞正促成學者失敗的原因是，他們的見解根本是錯誤或沒用或發展過於粗糙，致無法提供當代學者有用的指導。這是在一個社會企業中用以衡量失敗的適當理由，而後代學者會相當敏感地接受這種永恆的裁決。

六、成功與失敗的泉源

史蒂格勒表示，長期來看，一項理論最重要的是正確，但吾人亦須指出，正確只是較少的錯誤而已。該項理論必須幫助解釋經濟學欲了解世界的本質，故能解釋一部分總比不能解釋好。

史蒂格勒認為，邏輯的錯誤有時是一項理論的致命傷，此乃是亞當·史密斯資本的四種用途理論始終沒有科學前途的原因。無論如何，一項理論經常可以在修正後的邏輯下存活，可是，亞當·史密斯的資本用途理論卻根本受到李嘉圖之類的經濟學家所忽視，其原因或許是，他們相信整個方法沒用且很難處理。

每個理論當然都有其缺陷：邏輯可能過於嚴謹，雖然嚴謹的標準可能改變，但因之而發出疑問，將證明是愚鈍的。

史蒂格勒表示，我們接受亞當·史密斯的理論，姑且不論其邏輯，實在很少受到他所引用的支持證據影響。他對生存工資理論所提出的強烈實證反例遭漠視，而他對競爭之下，投資報酬率相等的定理，只有不經意而含逸趣地支持證據。雖說證據不特別，也非量化形態，但這不是說它們完全無足輕重：若一個定理與許多觀察現象一致——參與貿易的人愈多，財貨價格便會逐漸下降——那麼人們就會將之應用於未觀察到的地方。當一世紀之後的克里佛．萊斯利（T. E. Cliffe Leslie）否定報酬率會趨近相等時，只有極少有價值的證據可以反駁他。

但是，勞動分工無所不在的證據，當然也難以抗拒地符合理論與一般觀察現象一致的檢定。試問任一現代經濟學家，可否舉出一個勞動非專業分工的例子，唯有運氣好的人才聯想得到《魯賓遜漂流記》裡的主角克魯索（Robinson Crusoe）。然而，我們很少看到經濟分析裡有系統或規則地應用這個觀念。我們已經暗示，勞動分工和報酬率定理不同的命運，後者力道極強，且可立即用以解答許多重要問題：為何有些職業工資收入較高；為何重商主義和類似的國家干預以及私人獨占，會導致資源錯置；和誰會負擔不同稅賦。勞動分工的理論並非一無是處——只是受限於一個市場，故它與保護主義有關——但應用情形很少。

史蒂格勒下結論說，就這樣，亞當．史密斯在他應該成功之處成功了，為「人的行為」提供了堅強無比的定理：史密斯認為，一個人在競爭環境下，追求自利的說法，相當於物理界的牛頓定理。今天，我們能夠廣泛地將自利原則推展至經濟和社會行為的範疇，超越亞當・史密斯本人未成體系的研究，完全得歸功於亞當・史密斯偉大且得以持久的成就。

值得再強調的是，「分工」觀念非常重要，有這樣的一種說法：如何簡要的說明《原富》這本書的內涵，答案就是「分工」。而有大學教授就將此作為經濟學的考題呢！不過，要牢記在心的是，分工是與合作緊密聯結一起的，所以，「分工合作」是一個詞，其前提更是人人具有「誠信」、「善心」，而「分工理論」在二十世紀末已由已故的楊小凱教授奠定了！

第七章

結語

返回亞當・史密斯的世界——爲經濟學尋根

二〇一六年臺灣的夏天，不只是酷暑，暴風雨更是不斷，七月八日的第一個強颱尼伯特幾將臺東摧毀。其實，全球各地也都顯現氣候變遷的實景。早在二〇〇六年七月十九日，國際媒體報導，歐美多國受熱浪侵襲，竟有兩位數死亡人數；在亞洲，日本與朝鮮半島連日豪雨引發山崩、土石流和洪水等災情，估計兩地逾一百七十人喪生或失蹤，成千上萬的人無家可歸。媒體以「亞洲洪澇、歐美熱浪」和「水深V.S.火熱」為標題作顯著報導。是的，類似的天災多年來早已司空見慣，只是範圍愈來愈廣，已經遍及全球，而且程度愈來愈嚴重，在高科技日新月異的E時代，不但是諷刺，更突顯出人類能力的渺小。

對於天災的層出不窮，人類也早已開始反省，由「天災人禍」這個長久以來的慣用詞可知一斑，因其明示「天災」是「人」惹出的禍，而一九七〇年代環境保護萌芽，「我們只有一個地球」的響亮口號，大家耳熟能詳，也可得知人類並非無知。及至二十世紀末，「永續發展」又成全球追求標的，或許也印證維護環境是「知易行難」，因為四十年的環保運動幾無成效，資源耗用、環境汙染愈見嚴重。一個關鍵因素是「人對物質的追求」已經停不下來，這與各國政府帶頭追求「經濟成長」，迄二十一世紀開展以來仍是主流，息息相關。

我們知道，經濟成長的追求在二次世界大戰以後成為熱潮，經濟發展和經濟成長理論也成為顯學，而一九四〇年代出現的「國民所得」及其帳目計算方式，可說扮演推波助瀾角色，有必要予以嚴肅檢視、探索。同時，國民所得的概念正是「總體經濟學」的根本，而凱因斯（John M. Keynes, 1883-1946）理論又是總體經濟學的支柱，也當然需加以檢討。此外，當代基礎經濟學開宗明義就說「人的欲望無窮」、「人是理性自利」，因而對物質的追求無止境，進而演變至「無所不用其極追求自利」、「利益擺中間，誠信放兩旁」，甚至於將「誠信」自經濟學裡挖走。而「市場競爭」被扭曲為「鬥爭」、「商戰」也都助長人心沉淪，以至於天災人禍愈演愈烈，也都有必要重新檢視，俾尋回經濟學的本質，如此，號稱「社會科學之后」的經濟學，才能扮演造福人群的正面角色。

經濟成長應有限制

關於經濟成長，有幾個主要的論點，一是被用為指標的「經濟成長率」，其計算基礎是「國民所得」，當今全球通用的是「國內生產毛額」（Gross Domestic Product，簡稱GDP），最一般性的定義是「一國在某一段期間（一年、一季）內住民（不論國籍）或該國『國內』所生產出來，供『最終用途』的物品與勞務之『市場價値』。」很明顯地，它是「量化的」，而且重視的是「物質面」（或是有形的），難以量化的「精神面」（無形、主觀的）幾乎沒含括在內，因而無法充分反映人的「福祉」。二是物品和勞務的生產必須有投入，這也是「有得必有失」、「天下沒有白吃午餐」的道理，雖然孟子有「斧斤以時入山林，材木不可勝用也」的生生不息方法，但爲讓生產增加，人類往往將資源過度使用，基本經濟學裡強調的「求取極大値」、「欲望無窮」觀念就難辭其咎。連在講求「效率」的自由民主、自由經濟體制社會都無法避免浪費、耗用資源了，遑論共產極權不講成本的社會！一九五〇年代的蘇聯和二十世紀末開始改革開放，卻一直不放棄共黨專制的中國是最典型的例子。三是自由世界裡，經濟成長理論將「技術進步」這個因素加入，以爲可解決耗用資源難題，但一九九〇年代「新經濟還是難逃報酬遞減宿命」已作「不可能」的註解，何況科技還會衍生出不可知的可怕後遺症呢！

儘管有識者對這個課題早有嚴肅討論，奈何追求經濟成長仍是二十一新世紀各國政府的政策目標，也還是媒體和一般民衆所深切盼望的。藉著大夥熱衷追求「永續發展」的機會，應是提出「簡樸生活才是永續發展正途」的良機。

人類自一九七〇年代以來就愈來愈感受到資源的相對缺乏，可是，爲何「節約」、「安貧樂道」等等口號喊得喧天價響，收效依舊有限呢？我們但見崇尚名牌、炫耀性消費依然是時尙，而多年前在臺灣掀起的「卡債、卡奴」問題，其中有部分就是消費至上，甚至是「享受至上」行爲的反映。在這裡，我們必須嚴肅的再提醒，「強調消費、鼓勵消費」的凱因斯理論，以至於總體經濟中「以消費提升經濟成長率」的理念和政策，都應重新思考。此外，當代基本經濟學以「自利」作爲「行爲動機」和「極大化生產和慾望」爲基本原則，甚至於將「技術進步」、「創新」作爲永續發展萬靈丹的觀念，也都必須重新檢視。

天災多是人禍引起的

這幾年，全球的天災愈來愈頻、愈來愈烈，每次出現總伴隨著感人的救援行動，但在發揮愛心之餘也實在應該實質的、冷靜的檢討，爲何近期全球的天災接連不斷？而且似乎愈來愈嚴重。總不能每次都等災難發生再發揮「短暫」愛心去救苦救難，事後又船過水無痕，沒多久又來一次，這樣子的循環不已，不但會因疲於奔命而逐漸力不從心，而且遞減定律也將使愛心削弱，救援資源也會愈來愈短絀。更負面的影響，或許讓人類養成「反正都會有救援，乃疏於未雨綢繆」的習性，而且愛心和救援也可能變成政客和趁火打劫者作秀和揩油的工具。因此，我們應該痛定思痛，跳離浮面思考，往深層的根本內涵去尋找禍根，而後才可能刨根。

首先，世人應都已有所體認，說是天災，其實是人禍。以二〇〇四年十二月底那次南亞天災來說，表面禍源是地震、海嘯，但爲何會有地震、海嘯的出現？雖然現代自然科學對這些所謂的「自然現象」多所研究，也有各門學問作專門探討，遺憾的是，似乎愈探討，「自然」愈顯得神祕，畢竟已經被稱爲「自然」，就是「自自然然」，亦即「先天就是如此」。雖然每年的諾貝爾獎都在肯定科學家的突破，但也只是一點一滴的突破，浩瀚的宇宙似乎愈鑽研愈神祕迷離。由於最偉大的科學家愛因斯坦最後也都走入宗教，在宗教中尋求寄託和最後歸宿，其實已然告訴世人：「人是多麼渺小」、「敬天敬神是必要的」、「無神論」根本就是邪門歪說、古人的「舉頭三尺有神明」才是明訓。

其次，大自然爲何反撲？是不是人類將和諧關係破壞了？現代人不是一直宣揚永續發展嗎？而「生命的意義在創造宇宙繼起的生命」，不是鮮活點出了包括人在內的各種生命體的生生不息，不就是永續發展的眞義嗎？人與各類生物以及大自然，彼此不是應該共存共榮嗎？不是應該發展出足以共存共榮的適當「生存法則」嗎？達爾文的「弱肉強食」是對的嗎？還是「自我設限、自我節制、知所侷限」才是對的呢？古人「仁民愛物」不是頂有道理的嗎？爲何人間如今充塞著自私自利的「貪心鬼」呢？古聖賢不是早已告誡我們「斧斤以時入山林，材木不可勝用也」的「人與大自然生生不息、和諧共存」的基本道理嗎？

人類力量只能到某種程度

直到現在，全球各地還都是高分貝追求「高經濟成長率」，而且也都以敦促政府帶頭拚的方式「強力追求」，是否因此而導致「濫用」大自然，也成爲大自然反撲的原因呢？另類經濟學者修馬克（E. F. Schumacher）在一九七三年問世，二〇〇〇年九月中譯本在臺灣出版的《小即是美》（*Small is Beautiful*）這本書正可作爲參酌。修馬克在四十多年前就大聲疾呼「經濟發展只能『到某種程度』；生命只能複雜『到某種程度』；追求效率或生產力只能『到某種程度』；使用無法再利用的資源只能『到某種程度』；完整人性對細密分工只能忍受『到某種程度』；以『科學方法』代替一般常識只能『到某種程度』。」因而提倡「小即是美」、「少即是多」的觀念，此與當代經濟學開宗明義的「極大化」完全相反，也與當前被認同的「追求私利人性」迥異。那麼，這種觀念可能被已經是短視近利的「現代人」接受、進而身體力行嗎？當然可能！人類最偉大的科學家愛因斯坦就是典範。第三章說過的故事值得在此重述。

愛因斯坦的簡單、恬淡、純眞人生

話說一九三〇年時，美國百貨業鉅子Louis Bamberger和其妹Mrs. Felix Fuld出資請教育家Abraham Flexner幫忙建立一個新的科學研究所。Flexner覺得美國一般的研究所已有許多，乃建議創辦一所新型的高級研究機構，聘請世界一流的學者作研究，而且要讓這些學者有百分百的獨立與自由，沒有任何教學、行政等任務，要作什麼研究也是研究者自行決定，研究所只負責提供足夠的經費。這所研究機構就是後來著名的普林斯頓高級研究所。

有人向Flexner建議聘請一九二一年諾貝爾物理學獎得主愛因斯坦，Flexner抱著姑且一試心理親赴加州理工學院，當面向在該處講學的愛因斯坦說明該研究所的種種，愛因斯坦很感興趣，而於一九三三年接受邀請。Flexner趕忙請教愛因斯坦有何要求，愛因斯坦共提出兩個要求：一是必須接受他的助手邁耶爾且給予正式職位；二是愛因斯坦個人的年薪只要三千美元，而且「若在普林斯頓一年生活不需三千美元，薪水還可以再低」。對於這兩個要求，Flexner頗感爲難，因爲第一個要求完全沒問題，可以照辦，但第二個要求卻完全違背常理，一般人往往是「多多益善」，能得到的報酬是愈多愈好，怎會有反其道而行的呢？

Flexner的苦惱，不只是覺得如此低薪實在是虧待愛因斯坦，而且對其他研究者又該如何比照呢？於是Flexner一次又一次要求愛因斯坦提高薪水，到最後還幾乎是懇求，才好不容易說服愛因斯坦接受一萬六千美元的年薪。三千和一萬六千，相差五倍多，可見愛因斯坦要求三千美元以下的年薪有多麼低，而這應就是愛因斯坦日常生活中的經驗，覺得這些數目的金錢已能好好過日子了，這也可看出愛因斯坦的生活是何等儉樸、簡單，更是典型的「少就是多、小就是美」奉行者（這裡描述的愛因斯坦故事係參考自二〇〇四年八月六日《自由時報》，由臺北榮民總醫院郭正典前主任撰寫的〈愛因斯坦的風範〉一文）。

要跟上愛因斯坦的科學成就應該非常之難，但學習愛因斯坦「生活過得去就好」的「清心寡慾」應該不是難事吧？這種儉樸、克制自己的生活方式不正是當下世人追求並琅琅上口的「永續經濟發展」最需要的嗎？

我們知道永續發展與技術進步的正向關係被大力強調，當「知識經濟」興起，創新和創意又被重新體認，加上電腦、網際網路的日新月異、無遠弗屆，更讓不少人對現代高科技的無所不能有著高度信心。不過，該問的是：將知識導向現代科技和物質面向，對於人類的福祉真有正面效益嗎？關於這個嚴肅、重要的課題，在一面倒向正面評價的現時，其實無論中外都出現一小股反向思考，其能否發展成潮流，關乎人類能否眞的「永續發展」。關於「永續發展」這個名詞，儘管風行全球，也有不少形諸文字的定義，但「生活的目的在增進人類全體的生活，生命的意義在創造宇宙繼起的生命」卻鮮活地道出其精髓，它言簡意賅地指明「人」在宇宙內，不但生命要生生不息，而且所有生命（人）的生活也應不斷地增進。可是，知識經濟下的發展會是這樣的景況嗎？

不可否認的，物質財貨的數量大、品質優，以及種類多，已成爲現代人日常生活最重要的追求標的，而爭權奪利、無所不用其極，也無疑是絕大多數人活生生的寫照。在新興的「知識經濟」流行潮帶動下，這現象是否又再更深一層的強化？甚至讓投機、貪婪，以及物化、機械化了的人，更進一步被現代科技無情的摧殘？

讓經濟學回歸「人性」本質

爲何這一股追求物質享受的熱潮會延燒不止？即使在心靈空虛已明顯侵占現代人的此刻，爲何世人還是無奈地隨波逐流？「自我的失落」以及「觀念的失根」恐怕是關鍵，而特別自一九三〇年代以來一直居於主流的「當代經濟學」也需擔負重大責任。在當代經濟學裡，「欲望無窮」被當成不可懷疑的人性，且積極地以科技進步來使用自然資源、以生產更多物質來滿足永不饜足的欲求，一直以來都被當成天經地義的「福祉增進」。「非物質」或「精神」逐漸被抽離，迄今可說已蕩然無存。其間雖也出現一些反省，但往往淪爲「異端」，甚至被打成邪說，或者被歸爲哲學範疇，而徘徊在經濟殿堂之外。二〇〇八年諾貝爾經濟學獎得主克魯曼就在他二〇一二年出版的《克魯曼觀點拚有感經濟》（*End This Depression Now!*）這本書中，大剌剌的說「經濟學不講道德」。雖然環境問題的現實面，迫使主流經濟學思索永續發展，到頭來仍是堅信科技進步是解決良方，仍然未能回歸人性和心靈層面。

一九四九年奧國學派第三代掌門人米塞斯在他的鉅著（無論是質或量都可以如此形容）《人的行爲》（*Human Action*）第二百三十五頁裡有這麼一句話：「當今大多

數的大學以『經濟學』這個名目講授的東西，實際上是對經濟學的否定。」六十多年過去了，如今再讀這句話，不但不覺得失效，反而更突顯其眞確性。正如一九九五年底過世的自由經濟前輩夏道平先生所言：最近這幾十年通用的經濟學教科書，屬於技術層面的分析工具，的確愈來愈多，但在這門學科的認識上，始終欠缺清醒的社會哲學作基礎。說得具體一點，也即對人性以及人的社會始終欠缺基本的正確認識。

那麼，眞正的經濟學是什麼呢？我們在此還是再重複引用夏先生的說法：經濟學是人的行爲學之一部分，但是，問題的發生，是在這句話的那個「人」字的正確概念，沒有被所有唸經濟學的人時時刻刻緊緊把握住。經濟學家所必須了解的「人」，與生物學家或動物學家心目中的「人」不一樣。經濟學家雖也知道「人」具有一般動物的欲望、衝動和本能的反應，但更重要的是，「人」還具有異於禽獸的意志、理念和邏輯思考。這是人之所以爲人的一大特徵。

人的欲望是會自我繁殖、不斷增多的，而其滿足卻要受到外在種種限制。於是在要求滿足的過程中，他不得不有所選擇。選擇，是出於不得已；選擇什麼，則又力求自由。這就是說：人，並非生而自由的，但具有爭取自由的本性。

由於人性中有上述的特徵，所以在漫長的演進過程中，漸漸學習了爭取個人自由的適當方法。這個方法是要不妨害別人也能爭取，否則終會妨害到自己的自由。這個認知，截至現在，雖還不是人人都有，更不是人人所認知的深度都一樣，但可確信的，只有「人」才會在個別自覺的互動中，形成了分工合作而日益擴大的社會，不同於出自本能的蜂蟻社會。

人類社會的形成與擴大，是由於人的自覺行爲之互動。「互動」之「互」字顯示出主詞的「人」是指多數，而且多到說不出他們是誰，絕不是少許幾個人，更不是像孟軻所稱爲「獨夫」那樣的一個人。其互動也是在其獨特的環境，各憑其獨特的零碎知識而行爲，而互動決不是靠一個人或少數人的設計、規劃、指揮或命令而組織成的所謂「團隊」行爲。

非團隊行爲的行爲，不正是有些人所說的無政府的混亂狀態嗎？事實上完全相反。因爲團隊的行爲是受制於這個團隊主宰者個人的知識，即令他有所謂「智囊團」的幫助，也只是有限的少數人。至於分散在社會上無數個人的知識，個別地看來是零碎的、瑣屑的，乃至微不足道的，當然不能與任何專家系統知識同年而語。但是那些散在社會的知識之總合，卻不是任何一個人或一個集團的知識所能攝取其萬一的。即令現時已發展出更高科技的電腦，也不能納入那些知識的總合。此所以非團隊行爲的行爲不僅未造成混亂，反而是分工合作的社會所賴以達成、所賴以擴大的基礎。用亞當·史密斯的話講，這是「無形之手」的作用；用海耶克的話講，是「長成的社會秩序」。

重視「無形之手」，並不意含排斥「有形之手」；尊重「長成的社會秩序」，並不意含排斥「法制的社會秩序」。我們用「重視」、「尊重」這樣的字眼，是要強調有形之手不應牽制或阻礙「無形之手」的運作，只能爲其去礙，使其運作順暢無阻；是要強調法制的社會秩序不應干擾或攪亂長成的社會秩序，只要提供一個有利於後者得以保持活力而無僵化之虞的架構。

以上兩段敘述所談的就是自由市場與政府之間的關係問題。自由市場就是所謂的長成社會秩序的一部分，政府就是法制的社會秩序之建立者。政府與市場之間的關係，必須是前者對於後者的運作，只可維護或給予便利，不得有所干擾或阻撓。

對經濟學的此種認識，正是亞當·史密斯和奧國學派的精髓所在，也是將人當人看待，由人的自身由衷地遵行「長成的秩序」，在和諧的分工合作方式下與自然界共存共榮。因此，眞正的經濟學當然強調人類的倫理、道德，以及對市場機能和市場競爭由衷地遵循。奈何採這種觀點的奧國學派在當今的經濟學領域裡沒有地位，亞當·

史密斯也只被口頭尊崇，而強調數理和數量化、將人機械化了的經濟學居主流。如今在人心極度沉淪下，奧國學派雖然偶爾被提及，但海耶克等人的著作並不好讀，所謂的專業人士都有此感受了，何況對一般普羅大眾！那麼，到哪裡去找類似正確理念，且足以擔當喚醒心靈，並植根正確觀念的通俗著作呢？除了上文已提及的修馬克的《小即是美》應該就是這樣的一本書外，當前市面上早已有一些通俗性的自由經濟著作和翻譯。而亞當・史密斯的《原富》和《道德情感論》兩本經典更是需要參讀的著作（如今已有很好的中譯本）。

找回「誠信」這種交易倫理

由上文分析可知，經濟學這門學問，和其他學科一樣，也是以「人」作爲關切焦點。亞當・史密斯的哲學中，主要的推動機制是「人性」，他強調「同理心」、「同情」，由自我改善的慾望所驅使，由理智所指導，無非希望所有降生在凡間的平常人，都能幸福快樂地過活。推而廣之，所關切的人，不只是這一代的人，更擴及世世代代無窮盡的未來，而且還希望未來的人生更爲幸福、美滿。因此，眞正的經濟學當然是生活化的，一切都圍繞在活生生的人之周圍。

魯賓遜漂流荒島的故事時常被經濟學當作例子，他先是孤獨一人過日子，後來再加入「星期五」這個土著。這個故事鮮活生動地描繪出人類不是獨居，而是「群居」的特性。既然是群居，「人際往來」或「人際關係」很自然地出現，人際之間如何做為，當然直接影響「行為者」的生活福祉，於是乎奧國學派的米塞斯就直截了當地將經濟學定義作「研究人的行為」的學問。

打從亞當·史密斯的《原富》開始，就很明確地點出「分工」、「專業化」是增進財富、促進人的福祉的人際關係，史密斯說：「勞動分工的發展是所有國家富裕起來的原因，而市場這隻看不見的手是協調和促進分工的有效手段。」雖然如今我們都強調分工的功能，但分工並非人「刻意」發明的，誠如史密斯所言：「產生上述許多利益的分工形態，原非任何人類智慧的結果，亦即，不是有哪一個人預見並且蓄意追求它所產生的富裕，而才從事分工的……。分工，是人類相互以物易物的行為性向發展的必然結果；人類雖有這種性向，但沒料到分工會有如此廣泛的功效。」這點明了分工不是人類由「明顯的主觀意圖」而「人為刻意」造作的東西，而是一種「意想之外的」社會（或互動）行為秩序，亦即，是人類宛如被一隻「看不見的手」引導所促成的。

因此，亞當・史密斯創造出來的著名「看不見的手」一詞，的確是用來表達「勢所必至」和「非主觀意願所能左右」的情況發展，不單指價格系統，而是社會現象的一個分析通則。此種意想之外的行爲秩序，被海耶克稱爲「自發的秩序」，它是人們事實上依循了某些抽象且普遍的行爲原則，而於無意間造成的結果。當前表面上被人廣爲引用、歌頌的「價格機能」、「市場機能」，也當然是自發的秩序。

看不見的手所創造出來的市場，是分工、專業化得以顯現成效的場所，其中必然有「交易行爲」的發生。交易進行得愈順利，分工、專業化就可愈縝密，人類的福祉也得以愈精進。交易的順利需靠交易者遵循交易秩序或規則，由於特質的差異，不同的市場各有其規則，但行爲者卻同樣也都是「人」。不論是什麼市場的什麼樣的規則，行爲人必須具備一種「最起碼」的倫理，這就是「信用」，或者是當前臺灣社會慣稱的「信任」、「誠信」。

交易行爲人何其多，不論相識或陌生，在互信基礎上才可能順暢地進行交易。試想一個人人相互猜疑、互相不信任的社會，怎可能有順暢的交易？怎可能有縝密頻繁的分工呢？而人民的生活福祉又怎能增進呢？

當今經濟學雖尊崇市場，也強調價格機能，卻將最重要的「誠信」完全拋棄，並且裡面的「人」不是有血、有肉、有主觀價値、有靈魂的「眞人」，充其量只是「機器人」，而被尊爲「經濟學始祖」的亞當·史密斯，其實是倫理學教授，對「誠信」的看重不言而喻。因此，將誠信找回來作爲經濟學的基礎，把人當人看待，才可能返還經濟學的本質！而這也就是我們必須重返亞當·史密斯世界的原因。果能如此，也就得以免於毀滅！

最實用
圖解
計學 IFRS
圖解 財務報表分析
圖解 國貿實務
圖解 經濟學
圖解 貨幣銀行學
圖解 研究方法
理學
圖解 人力資源管理
圖解 財務管理
圖解 企業管理(MBA學)
圖解 產業分析
最實用 圖解 經濟學 最重要概念
銷學
圖解 企劃案撰寫
圖解 作業研究
圖解 策略管理
圖解 領導學
圖解 整合行銷傳播
融行銷
圖解 企業危機管理
圖解 顧客滿意經營學
圖解 品牌行銷與管理
圖解 網路行銷
圖解 物流管理

家圖書館出版品預行編目資料

亞當・史密斯／吳惠林著. ——初版. ——臺北市：五南, 2017.02
面；　公分
ISBN 978-957-11-8905-5（平裝）
1.史密斯(Smith, Adam, 1723-1790)
2.經濟學家　3.經濟思想
550.1842　　105020344

1MD7

亞當・史密斯

作　　者— 吳惠林
發 行 人— 楊榮川
總 編 輯— 王翠華
主　　編— 侯家嵐
責任編輯— 劉祐融
文字校對— 劉天祥　許宸瑞
封面設計— 盧盈良
封面插畫— 廖哲緯
出 版 者— 五南圖書出版股份有限公司
地　　址：106台北市大安區和平東路二段339號4樓
電　　話：(02)2705-5066　　傳　　真：(02)2706-6100
網　　址：http://www.wunan.com.tw
電子郵件：wunan@wunan.com.tw
劃撥帳號：01068953
戶　　名：五南圖書出版股份有限公司
法律顧問　林勝安律師事務所　林勝安律師
出版日期　2017年2月初版一刷
定　　價　新臺幣350元